D0339406

SPANISH SHORT STORIES FOR BEGINNERS

8 UNCONVENTIONAL SHORT STORIES TO GROW YOUR VOCABULARY AND LEARN SPANISH THE FUN WAY!

OLLY RICHARDS

Dr. DANNY EVANS

THE LANGUAGE TUTOR, SPANISH

Spanish Short Stories for Beginners: *8 Unconventional Short Stories to Grow Your Vocabulary and Learn Spanish the Fun Way!*

ISBN- 978-1514646083

ISBN- 1514646080

Free Gift:
Two Free Bonus Stories!

As a specal thank you for investing in a copy of Spanish Short Stories for Beginners, I would like to give you two bonus stories, completely free!

To claim your bonus simply visit:

http://iwillteachyoualanguage.com/spanishbonus

Books in this Series

Spanish Short Stories For Beginners

Spanish Short Stories For Beginners Volume 2

German Short Stories For Beginners

Italian Short Stories For Beginners

Italian Short Stories For Beginners Volume 2

Russian Short Stories For Beginners

French Short Stories For Beginners

English Short Stories For Intermediate Learners

Spanish Short Stories For Intermediate Learners

Italian Short Stories For Intermediate Learners

This title is also available as an audiobook

For more information visit:

http://iwillteachyoualanguage.com/amazon

Introduction

This book is a collection of eight unconventional and entertaining short stories in Spanish. Written especially for beginners and low-intermediate learners, equivalent to A1-A2 on the Common European Framework of Reference (CEFR), they offer a rich and enjoyable way of improving your Spanish and growing your vocabulary.

Reading is one of the most effective ways to improve your Spanish, but it can be difficult to find suitable reading material. When you are just starting out, most books are too difficult to understand, contain vocabulary far above your level, and are so lengthy that you can soon find yourself getting overwhelmed and giving up.

If you recognise these problems then this book is for you. From science fiction and fantasy to crime and thrillers, there is something for everyone. As you dive into these eight unique and well-crafted tales, you will quickly forget that you are reading in a foreign language and find yourself engrossed in a captivating world of Spanish.

The learning support features in the stories give you access to help when you need it. With English definitions of difficult words, regular recaps of the plot to help you follow along, and multiple-choice questions for you to check important details of the story, you will quickly absorb large amounts of natural Spanish and find yourself improving at a fast pace.

Perhaps you are new to Spanish and looking for an entertaining challenge. Or maybe you have been learning for a while and simply want to enjoy reading whilst growing your vocabulary. Either way, this book is the biggest step forward you will take in your Spanish this year.

So sit back and relax. It's time to let your imagination run wild and be transported into a magical Spanish world of fun, mystery, and intrigue.

Table of Contents

About the Stories

A sense of achievement and a feeling of progress are essential when reading in a foreign language. Without these, there is little motivation to keep reading. The stories in this book have been designed with this firmly in mind.

First and foremost, each story has been kept to a manageable length and broken down into short chapters. This gives you the satisfaction of being able to finish reading what you have begun, and come back the next day wanting more! It also reduces the extent to which you feel overwhelmed by how much you have left to learn when starting to learn Spanish.

The linguistic content of the stories is as rich and as varied as possible, whilst remaining accessible for lower-level learners. Each story belongs to a different genre in order to keep you entertained, and there are plenty of dialogues throughout, giving you lots of useful spoken Spanish words and phrases to learn. There is even a deliberate mix of tenses from one story to the next, so that you get exposure to common verbs in a mixture of past, present and future verb forms. This makes you a more versatile and confident user of Spanish, able to understand a variety of situations without getting lost.

Many books for language learners include English translations for the entire story, known as parallel texts. Although these can be popular, parallel texts have the major disadvantage of providing an "easy option". Learners inevitably find themselves relying on the English translation and avoiding the "struggle" with the original Spanish text that is necessary in order to improve. Consequently, instead of including a parallel text, **Spanish Short Stories for**

Beginners supports the reader with a number of learning aids that have been built directly into the stories.

Firstly, difficult words have been bolded and their definitions given in English at the end of each chapter. This avoids the need to consult a dictionary in the middle of the story, which is cumbersome and interrupts your reading. Secondly, there are regular summaries of the plot to help you follow the story and make sure you haven't missed anything important. Lastly, each chapter comes with its own set of comprehension questions to test your understanding of key events and encourage you to read in more detail.

Spanish Short Stories for Beginners has been written to give you all the support you need, so that you can focus on the all-important tasks of reading, learning and having fun!

How to Read Effectively

Reading is a complex skill, and in our mother tongue we employ a variety of micro-skills to help us read. For example, we might *skim* a particular passage in order to understand the gist. Or we might *scan* through multiple pages of a train timetable looking for a particular time or place. If I lent you an Agatha Christie novel, you would breeze through the pages fairly quickly. On the other hand, if I gave you a contract to sign, you would likely read every word in great detail.

However, when it comes to reading in a foreign language, research suggests that we abandon most of these reading skills. Instead of using a mixture of micro-skils to help us understand a difficult text, we simply start at the beginning and try to understand every single word. Inevitably, we come across unknown or difficult words and quickly get frustrated with our lack of understanding.

Providing that you recognise this, however, you can adopt a few simple strategies that will help you turn frustration into opportunity and make the most of your reading experience!

* * *

You've picked up this book because you like the idea of learning Spanish with short stories. But why? What are the benefits of learning Spanish with stories, as opposed to with a textbook? Understanding this will help you determine your approach to reading.

One of the main benefits of reading stories is that you gain exposure to large amounts of natural Spanish. This kind of reading for pleasure is commonly known as *extensive reading*. This is very different from how you might read Spanish in a textbook. Your textbook contains short dialogues, which you read in detail with the aim of understanding every word. This is known as *intensive reading*.

To put it another way, while textbooks provide grammar rules and lists of vocabulary for you to learn, stories show you natural language *in use*. Both approaches have value and are an important part of a balanced approach to language learning. This book, however, provides opportunities for extensive reading. Read enough, and you'll quickly build up an innate understanding of how Spanish works - very different from a theoretical understanding pieced together from rules and abstract examples (which is what you often get from textbooks).

Now, in order to take full advantage of the benefits of extensive reading, you have to actually read a large enough volume in the first place! Reading a couple of pages here and there may teach you a few new words, but won't be enough to make a real impact on the overall level of your Spanish. With this in mind, here is the thought process that I recommend you have when approaching reading the short stories in this book, in order to learn the most from them:

1. Enjoyment and a sense of achievement when reading is vitally important because it keeps you coming back for more
2. The more you read, the more you learn
3. The best way to enjoy reading stories, and to feel that sense of achievement, is by reading the story from beginning to end

4. Consequently, reaching the end of a story is the most important thing... more important than understanding every word in it!

This brings us to the single most important point of this section: **You must accept that you won't understand everything you read in a story.**

This is completely normal and to be expected. The fact that you don't know a word or understand a sentence doesn't mean that you're "stupid" or "not good enough". It means you're engaged in the process of learning Spanish, just like everybody else.

So what should you do when you don't understand a word? Here are a few ideas:

1. Look at the word and see if it is familiar in any way. If English is your mother tongue, there are often elements of Spanish vocabulary that will be familiar to you. Take a guess - you might surprise yourself!
2. Re-read the sentence that contains the unknown word a number of times over. Using the context of that sentence, and the rest of the story, try to guess what the unknown word might mean. This takes practice, but is often easier than you think!
3. Make a note of the word in a notebook, and check the meaning later
4. Sometimes, you might find a verb that you know, conjugated in an unfamiliar way. For example:

hablar - to speak

hablarán - they will speak

hablase - speak (subjunctive)

You may not be familiar with this particular verb form, or not understand why it is being used in this case, and that may frustrate you. But is it absolutely necessary for you to know this right now? Can you still understand the gist of what's going on? Usually, if you have managed to recognise the main verb, that is enough. Instead of getting frustrated, simply notice how the verb is being used, and then carry on reading!

5. If all the other steps fail, or you simply "have to know" the meaning of a particular word, you can simply turn to the end of the chapter and look it up in the vocabulary list. However, this should be your last resort.

The previous four steps in this list are designed to do something very important: to train you to handle reading independently and without help. The more you can develop this skill, the better able you'll be to read. And, of course, the more you can read, the more you'll learn.

Remember that the purpose of reading is not to understand every word in the story, as you might be expected to in a textbook. The purpose of reading is to enjoy the story for what it is. Therefore if you don't understand a word, and you can't guess what the word means from the context, simply try to keep reading. Learning to be content with a certain amount of ambiguity whilst reading a foreign language is a powerful skill to have, because you become an independent and resilient learner.

The Six-Step Reading Process

1. Read the first chapter of the story all the way through. Your aim is simply to reach the end of the chapter. Therefore, do not stop to look up words and do not worry if there are things you do not understand. Simply try to follow the plot.

2. When you reach the end of the chapter, read the short summary of the plot to see if you have understood what has happened. If you find this too difficult, do not worry.

3. Go back and read the same chapter again. If you like, you can read in more detail than before, but otherwise simply read it through one more time.

4. At the end of the chapter, read the summary again, and then try to answer the comprehension questions to check your understanding of key events. If you do not get them all correct, do not worry.

5. By this point, you should start to have some understanding of the main events of the chapter. If you wish, continue to re-read the chapter, using the vocabulary list to check unknown words and phrases. You may need to do this a few times until you feel confident. This is normal, and with each reading you will gradually build your understanding.

6. Otherwise, you should feel free to move on to the next chapter and enjoy the rest of the story at your own pace, just as you would any other book.

At every stage of the process, there will inevitably be words and phrases you do not understand or cannot remember. Instead of worrying, try to focus instead on everything that you *have* understood, and congratulate yourself for everything you have done so far.

Most of the benefit you derive from this book will come from reading each story through from beginning to end. Only once you have completed a story in its entirety should you go back and begin the process of studying the language from the story in more depth.

Anexos en cada capítulo

- Resumen
- Vocabulario
- Preguntas de elección múltiple
- Soluciones

Appendices to each chapter

- Summary
- Vocabulary
- Multiple-choice questions
- Answers

CUENTOS

1. La Paella Loca

Capítulo 1 – El avión

—¡Daniel, ven aquí! – me dice Julia desde la puerta de la casa.

—¿Qué quieres, Julia? –le respondo.

—Hoy viajamos a España. ¿Lo sabes, verdad?

—Claro que lo sé. Estoy preparando la **mochila**.

Mi nombre es Daniel. Tengo 24 años. Julia es mi hermana y vivimos en la **misma** casa de Londres. Ella tiene 23 años. Nuestros padres se llaman Arthur y Clara. Estamos preparando nuestro **viaje** a España. Somos **estudiantes de intercambio** aprendiendo el idioma español y ya sabemos mucho.

Yo soy alto, mido 1,87 metros y tengo el pelo **castaño** y un poco **largo**. Tengo los ojos verdes y la boca **ancha**. Mi cuerpo es atlético porque hago mucho ejercicio. Mis piernas son largas y fuertes porque salgo a correr cada mañana.

Mi hermana Julia también tiene el pelo castaño, pero es más largo que el mío. Ella no tiene los ojos verdes, tiene los ojos marrones, **al igual que** mi padre. Yo tengo **el mismo** color de ojos que mi madre.

Mis padres trabajan. Mi padre Arthur es **electricista** y trabaja en una **empresa** muy grande. Mi madre es empresaria y tiene una empresa que vende **libros** de fantasía y ciencia ficción. Ellos saben español. Nos hablan en español para practicar.

Mi padre me mira y ve que **aún no estoy vestido**.

—¡Daniel! ¿Por qué no te vistes?

—**Acabo de** despertarme. Me he duchado hace 5 minutos y aún no estoy seco.

—Date prisa. Tengo que ir a trabajar y tengo poco tiempo.

—No te preocupes, papá. Ahora me visto.

—¿Dónde está tu hermana?

—Está en su habitación.

Mi padre va a la habitación de mi hermana y habla con ella. Julia lo mira.

—Hola, papá. ¿Quieres algo?

—Sí, Julia. Tu hermano va a vestirse ahora. **Quiero que cojáis esto**.

Mi padre le enseña un **fajo de billetes**. Julia **se sorprende** mucho.

—¡Aquí hay mucho dinero! —dice ella.

—Tu madre y yo **hemos estado ahorrando** mucho dinero. Nosotros queremos **daros** una pequeña parte para el viaje a España.

—Gracias, papá. Se lo voy a decir a mi hermano Daniel.

No saben que estoy escuchando detrás de la puerta y mi padre me mira.

—¡Oh, Daniel! ¡Estás aquí! ¡Y te has vestido! Este dinero es para los dos.

—Gracias, papá. **Es de mucha utilidad**.

—Ahora, vuestra madre y yo os vamos a llevar en coche al aeropuerto. ¡Venid!

19

Pocos minutos más tarde y después de desayunar, salimos de casa y vamos hacia el aeropuerto en el coche de mi madre. Julia está muy **nerviosa**.

–Julia, **cariño** –le dice mi madre–, ¿estás bien?

–Estoy muy **nerviosa** –le responde.

–¿Por qué?

–No conozco a nadie en España. Sólo conozco a Daniel.

–No te preocupes, seguro que en Barcelona hay gente muy agradable y simpática.

–Sí, mamá. Estoy segura de eso, pero estoy **impaciente**.

En el aeropuerto hay una **cola** muy grande. Hay mucha gente de diferentes partes de Inglaterra comprando su **billete**. Muchos son trabajadores y **gente de negocios**. Algunos de ellos ya están subiendo al avión. Me acerco a Julia y le digo:

–¿Ya estás más relajada?

–Sí, Daniel. En el coche me puse muy nerviosa.

–Sí, es cierto. Pero todo irá bien. Tengo un amigo en Barcelona que es muy agradable y ayuda a los **estudiantes de intercambio** como nosotros.

Nuestros padres nos abrazan con **ternura** y **nos despiden** con la mano mientras subimos al avión.

–¡Os queremos, hijos!

Esto es lo último que oímos. El avión despega rumbo a Barcelona.

Anexo del capítulo 1

Resumen

Daniel y Julia son estudiantes de intercambio que viven en Londres. Ellos van a hacer un viaje a España. Saben español y practican con sus padres. Los padres llevan a sus hijos al aeropuerto. Julia está muy nerviosa antes de coger el avión, pero al final está tranquila. *tate*

Vocabulario

- **la mochila**= rucksack
- **misma**= the same
- **el viaje**= travel, trip
- **los estudiantes de intercambio**= exchange students
- **castaño**= brown
- **largo**= long
- **ancha**= wide
- **al igual que**= as well as
- **el electricista**= electrician
- **la empresa**= company
- **los libros**= books
- **aún no estoy vestido**= I'm not yet dressed
- **acabo de**= I've just
- **quiero que cojáis esto**= I want you to take this
- **el fajo de billetes**= a wad of bills
- **se sorprende**= surprises
- **hemos estado ahorrando**= we've been saving (money)
- **es de mucha utilidad**= it's very useful
- **nerviosa/o**= nervous

- **cariño**= darling, dear, honey, love
- **impaciente**= anxious
- **la cola (del aeropuerto)**= queue
- **la gente de negocios**= business people
- **ternura**= tenderness, affection
- **nos despiden**= they say goodbye to us

Preguntas de elección múltiple
Seleccione una única respuesta por cada pregunta

1. Los hermanos Daniel y Julia viven:
    a. En la misma casa de Londres
    b. En diferentes casas en Londres
    c. Viven en la misma casa en Barcelona
    d. Viven en diferentes casas en Barcelona
2. Sus padres:
    a. Hablan español pero no lo practican con sus hijos
    b. Hablan español y lo practican con sus hijos
    c. No hablan español
    d. No se sabe
3. Arthur, el padre, les da un regalo para el viaje. ¿Qué es?
    a. Un coche
    b. Un libro de fantasía
    c. Un libro de ciencia ficción
    d. Dinero
4. En el viaje al aeropuerto, Julia está:
    a. Triste
    b. Contenta
    c. Nerviosa
    d. Asustada
5. En la cola del aeropuerto:
    a. Hay mucha gente joven
    b. Hay mucha gente de negocios
    c. Hay muy poca gente
    d. Hay muchos niños

Soluciones capítulo 1

1. a
2. b
3. d
4. c
5. b

Capítulo 2 – España

El avión **aterriza** en Barcelona y mi amigo nos espera a la **salida** del aeropuerto. Me da un **abrazo** con **fuerza**.

—¡Hola, Daniel! ¡Qué alegría que estés aquí!

—¡Hola, Armando! **¡Me alegro de verte!**

Mi amigo Armando mira a mi hermana Julia con curiosidad.

—Armando, querido amigo, **te presento a** mi hermana Julia.

Mi amigo se acerca a Julia y la saluda.

—Hola Julia. **¡Encantado de conocerte!**

Mi hermana es tímida. **Siempre** es tímida cuando conoce a gente nueva.

—Hola... Armando.

—Tu hermana es muy tímida, ¿verdad? —me dice Armando con cara **sonriente**.

—Sí que lo es, pero es muy simpática.

Minutos después, viajamos en taxi hacia nuestro nuevo **apartamento**. El taxi cuesta 8,50 € desde el aeropuerto hasta el centro de Barcelona. Es **junio** y hace mucho **calor**. El sol de España siempre es muy **caluroso** en la zona del Mediterráneo.

Llegamos al apartamento a la hora de comer. Armando nos ayuda con las mochilas. Yo tengo mucha **hambre**.

—Armando, tenemos mucha **hambre**. ¿Dónde podemos comer?

—Hay dos restaurantes **a poca distancia**.

– ¿Qué comida sirven?

—En uno de los restaurantes sirven paellas muy ricas y en el otro hay **pescado** fresco y delicioso.

—Julia, ¿quieres ir a comer paella? —le pregunto a mi hermana.

—Claro, Daniel. Tengo mucha hambre.

Mi amigo Armando se queda en el apartamento y nosotros vamos hacia el restaurante de paellas.

—Julia, ¿qué **autobús** lleva al restaurante de paellas?

—No lo sé. Tenemos que preguntar a alguien.

—**Mira allí**, el señor de la camisa blanca. Vamos a preguntarle.

El señor de la camisa blanca nos saluda.

—¡Hola, amigos! **¿En qué os puedo ayudar?**

—¿Cómo podemos ir al restaurante La Paella Loca?

—¡Eso es fácil! Aquí mismo para el **autobús** 35. Ese **autobús** lleva directamente a la **calle** de La Paella Loca, aunque hay un problema.

—¿Qué problema hay?

—Ese **autobús** normalmente va muy lleno.

Julia y yo hablamos sobre usar el **autobús** para ir al restaurante. **Ella parece preocupada.**

—Daniel, el restaurante de paella puede estar bien, pero quizás podemos comer en el restaurante de pescado.

—**Tengo una idea**, Julia. Tú puedes coger el **autobús** 35 para ir al restaurante La Paella Loca. Yo cojo el **autobús** que lleva al restaurante donde se sirve pescado.

—¿Por qué quieres hacer eso?

—**Porque así** podemos comparar el precio de cada restaurante.

—Vale. ¡Te llamo por móvil!

Cojo el **autobús** que lleva al restaurante donde se sirve pescado. **Tengo mucho sueño**, así que me duermo la siesta. Me despierto tiempo después. El **autobús** está parado y no hay nadie en él **salvo** el conductor.

—Disculpe —le pregunto al conductor—, ¿dónde estamos?

—Hemos llegado a Valencia.

—¿Cómo? ¿Estamos en Valencia? ¡Oh, no! ¿Cómo es posible?

Cojo el móvil de mi **bolsillo** e intento llamar a mi hermana. ¡Vaya! Mi móvil no tiene batería. ¡No puedo **encenderlo**! Salgo del **autobús**. Estoy en Valencia. ¡Valencia está muy lejos! **No me lo puedo creer**. Me he dormido en el autobús y me ha llevado hasta Valencia. ¿Qué hago ahora?

Paseo por las calles de Valencia. Busco una **cabina telefónica**. Pregunto a una señora.

—Disculpe, señora. ¿Dónde puedo encontrar una **cabina telefónica**?

—**A la vuelta de la esquina** tiene usted una, **jovencito**.

—Muchas gracias. **Que tenga un buen día.**

—De nada. Buenas tardes.

Son las cinco de la tarde y mi hermana no sabe dónde estoy. ¡Seguro que está muy preocupada! Entro en la **cabina telefónica**. ¡Oh, no! ¡No **recuerdo** el número de teléfono de Julia! ¿Qué voy a hacer? Tengo dinero, pero no tengo su número. Voy a buscar un restaurante. Tengo mucha hambre. Luego pienso.

Entro en un restaurante **barato** y el camarero se acerca.

—¡Buenas tardes!

—Buenas tardes.

—**¿Qué desea?**

—Me gustaría... ¿Paella? —le digo al camarero después de ver la **carta.**

—¿Disculpe? No le he entendido bien, joven.

Comienzo a **reír** muy alto y me mira mucha gente del restaurante.

Al acabar de comer, tengo **vergüenza.** [shame/embarass] No debería reír tan alto, pero es **curioso.** Queríamos comer paella y aquí estoy, comiendo paella en Valencia y mi hermana no sabe dónde estoy. ¡Es tan **irónico!** ¿Qué puedo hacer ahora? No tengo el número de mi hermana... ¡Ya sé! ¡Voy a llamar a Londres!

Vuelvo a la cabina telefónica y marco el número de teléfono de la casa de mis padres en Londres. **Suena** cuatro veces y por fin, responde mi madre Clara.

—¡Hola, cariño! ¿Cómo estás? ¿Qué tal en Barcelona?

—Hola, mamá. Tengo un problema.

—¿Qué pasa, hijo? ¿Ha pasado **algo** malo?

—No es eso, mamá. Por favor, llama a Julia y dile que estoy en Valencia y que no tengo batería en el móvil.

—¡En Valencia! ¿Qué haces tú en Valencia?

—**Es una larga historia,** mamá.

Llego a un hotel, pago la **estancia** de una noche y entro en mi habitación. Me desvisto y saco de mi mochila un pijama. **Apago la luz** [Turn off the lights] y duermo. **¡Menudo día de locos!** [What a]

Anexo del capítulo 2

Resumen

Daniel y Julia llegan a Barcelona. Allí, les recibe Armando, un amigo de Daniel. Van juntos al apartamento donde vive Armando. Los hermanos le preguntan dónde pueden comer, porque tienen hambre. Después de dormirse en el autobús, Daniel despierta en Valencia. No tiene batería en el móvil y tiene que pasar la noche en un hotel.

Vocabulario

- **aterriza**= land
- **la salida**= exit
- **el abrazo**= hug
- **la fuerza**= strength
- **me alegro de verte**= it's good to see you
- **te presento a**= I introduce you...
- **encantado de conocerte**= nice to meet you
- **siempre**= always
- **sonriente**= smiling
- **el apartamento**= apartment
- **junio**= June
- **el calor**= hot
- **caluroso**= warm
- **el hambre**= hunger
- **a poca distancia**= to short distance
- **el pescado**= fish
- **el autobús**= bus
- **mira allí**= look there
- **¿En qué os puedo ayudar?**= Can I help you?

- **ella parece preocupada**= she seems worried
- **tengo una idea**= I have an idea
- **porque así**= because that
- **tengo mucho sueño**= I'm very sleepy
- **salvo**= except (for)
- **el bolsillo**= pocket
- **encenderlo**= turn it on
- **no me lo puedo creer**= I can't believe it
- **el paseo**= walk
- **la cabina telefónica**= phone booth
- **recuerdo**= remember
- **a la vuelta de la esquina**= around the corner
- **el jovencito**= boy
- **que tenga un buen día**= have a nice day
- **¿Qué desea?**= what do you want?
- **la carta**= menu
- **reír**= laugh
- **la vergüenza**= shame
- **irónico**= ironic
- **suena**= rings (sounds)
- **algo**= anything, something
- **es una larga historia**= it's a long story
- **estancia**= stay
- **apago la luz**= switch off the lights
- **¡Menudo...!**= what a...!
- **día de locos**= crazy day

Preguntas de elección múltiple
Seleccione una única respuesta por cada pregunta

6. Armando es:
   a. Un trabajador del aeropuerto
   b. Un amigo de los padres
   c. Un amigo de Julia
   d. Un amigo de Daniel
7. En Barcelona:
   a. Hace frío
   b. Hace calor
   c. No hace ni frío ni calor
   d. No se sabe
8. Después del aeropuerto, van hacia:
   a. Un restaurante
   b. El apartamento de Armando
   c. El apartamento de Daniel
   d. Valencia
9. Daniel no puede llamar a su hermana porque:
   a. No tiene batería en el móvil
   b. No tiene dinero
   c. No encuentra una cabina telefónica
   d. No tiene móvil
10. Daniel duerme por la noche:
    a. En un hotel de Barcelona
    b. En el autobús
    c. En un hotel de Valencia
    d. No duerme

6. d
7. b
8. b
9. a
10. c

Capítulo 3 – La carretera

Me despierto y me ducho. Pido el desayuno por *hallway* teléfono y como con **tranquilidad**. Me visto, salgo de mi habitación y veo la hora en un **reloj** del **pasillo**. Son las 10:00 de la mañana. Antes de salir del hotel, me pregunto si mi madre ha hablado con Julia. Mi hermana es una persona muy nerviosa. Espero que esté bien.

Cuando llego a la entrada del hotel, veo a dos **trabajadores** llevando **cajas** a un **camión**. En el **camión** hay un dibujo con el nombre de la compañía. Me empiezo a reír muy alto, como en el restaurante. Pero **me doy cuenta** pronto y me callo para no hacer mucho **ruido**. El **dibujo** del camión es de la compañía "La Paella Loca".

Me acerco a uno de los trabajadores para hablar con él.
—Hola —me dice.
—Buenos días, señor —le respondo.
—¿Qué desea?
—¿Es usted trabajador de un restaurante de Barcelona?
—No, yo trabajo de **transportista**. *driver*
—¿Conoce usted el restaurante?
—Sí, cada semana llevamos **arroz** para la paella, pero no trabajo allí.

El transportista entra en el **camión** y yo me quedo pensando. ¿Cómo puedo **volver** a Barcelona? Necesito una solución. **Tengo que volver** al apartamento de Armando. Julia **me está esperando**. ¡Tengo una idea!

33

—¡Señor, disculpe! —le digo al transportista
—Dime, jovencito.
—¿Podría usted llevarme hasta Barcelona?
—**¿Ahora?**
—Sí.

El transportista **duda**, hasta que finalmente me responde.
—Vale, puedes entrar detrás del camión, entre las cajas de arroz. Pero **no se lo digas a nadie.** Don't tell anyone
—¡Gracias!
—**De nada**, chico. ¡**Rápido, tenemos que salir ya**!

Entro en la parte trasera del camión y me siento entre dos cajas de arroz. El camión **arranca** y sale rumbo a Barcelona. No veo nada. Sólo oigo el **motor** del camión y los coches de la **carretera**. ¡Algo se mueve! Entre las cajas de arroz hay una persona.

—¿Hola? —digo.
Silencio.
—**¿Hay alguien ahí?**
Silencio otra vez. Pero yo sé que hay una persona entre las cajas. Me levanto y ando hasta allí. ¡Qué sorpresa! ¡Es un hombre **viejo**!

—¿Quién es usted, señor?
—¡**Déjame en paz**, chico!
—¿Qué hace aquí?
—Viajo hacia Barcelona.
—¿Sabe el transportista que está usted aquí?
—No lo sabe. Entré en el camión mientras tú hablabas con él.

34

El transportista **detiene** el camión y se baja de él. El hombre viejo me mira preocupado.

—¿Por qué ha parado?

—No lo sé.

Hay **ruido** en la puerta trasera del camión.

—¡Tengo que **esconderme**! —dice el hombre.

El transportista entra en el camión y me ve sólo a mí. El hombre viejo está **escondido** entre las cajas.

—¿Qué pasa aquí? —me pregunta.

—No pasa nada.

—¿Con quién hablabas?

—¿Yo? **Con nadie.** Estoy solo aquí. ¿No lo ve?

—Aún no hemos llegado, chico. **No hagas ruido.** No quiero problemas.

—Entendido.

El transportista cierra la puerta trasera del camión y vuelve al **volante**. En ese momento, el hombre viejo sale de entre las cajas y me mira con cara **sonriente**.

—¡**Menos mal**! ¡No me ha visto! —me dice.

—Dígame, señor. ¿Por qué viaja usted de Valencia a Barcelona?

—¿Quieres saberlo?

—Sí, por supuesto.

—Te contaré una pequeña **historia**.

—Adelante, por favor.

El hombre viejo me cuenta su historia:

—Yo tengo un hijo. No lo conozco. Hace muchos años, su madre y yo estuvimos juntos, pero yo fui a trabajar a otro **país**. **Hace poco tiempo**, **me enteré** de dónde están.

recently   I found out

—¿En Barcelona?

—Eso es.

—¿Qué **edad** tiene su hijo, señor?

—Tiene 24 años.

—¡**La misma que yo**!

El hombre viejo ríe.

—¡Qué **curioso**!

—Sí, lo es.

Después de unos minutos de silencio, me levanto para **estirar las piernas** y le pregunto al hombre:

—¿Cómo se llama su hijo?

—Se llama Armando. Tiene un apartamento en Barcelona. Vive cerca del restaurante La Paella Loca. Por eso viajo en este camión.

Le miro al hombre viejo **sin pestañear**. **No podía creérmelo**.

Anexo del capítulo 3

Resumen

Daniel se despierta en el hotel. Al salir de su habitación, ve a un transportista y un camión del restaurante La Paella Loca. Le pregunta al transportista para viajar dentro del camión, que va a Barcelona. El transportista le dice que sí y dentro del camión se encuentra a un hombre viejo. Él también va a Barcelona.

Vocabulario

- **la tranquilidad**= tranquility, calm
- **el reloj**= watch
- **el pasillo**= hallway
- **los trabajadores**= workers, employees
- **las cajas**= boxes
- **el camión**= truck
- **me doy cuenta**= I realize
- **el ruido**= noise
- **el dibujo**= painting
- **el transportista**= driver
- **volver**= come back, return
- **tengo que**= I have to
- **me está esperando**= He/she is waiting for me
- **ahora**= now
- **la duda**= doubt
- **finalmente**= finally
- **no se lo digas a nadie**= don't tell anyone
- **de nada**= you are welcome
- **rápido**= quick

- **tenemos que salir ya**= we have to go now
- **arranca**= start (a vehicle)
- **el motor**= engine
- **la carretera**= road
- **¿hay alguien ahí?**= is there anyone there?
- **viejo**= old
- **déjame en paz**= let me alone
- **detiene**= stops
- **esconderme**= hide (me)
- **escondido**= hidden
- **con nadie**= anyone, no one (negative)
- **no hagas ruido**= don't make noise
- **el volante**= wheel
- **sonrientes**= smiling
- **menos mal**= thank goodness
- **la historia**= story
- **el país**= country
- **hace poco tiempo**= recently
- **me enteré**= I found out
- **edad**= age
- **la misma que yo**= the same as me
- **curioso**= curious
- **estirar las piernas**= stretch my legs
- **sin pestañear**= without batting

Preguntas de elección múltiple

Seleccione una única respuesta por cada pregunta

11. Armando se despierta a las:
    - a. 10:15
    - b. 10:00
    - c. 11:00
    - d. 12:15
12. El transportista del camión:
    - a. Trabaja en el hotel
    - b. Trabaja en el restaurante La Paella Loca
    - c. Trabaja sólo de transportista
    - d. Trabaja para otro restaurante
13. Dentro del camión, Daniel se encuentra con:
    - a. Un hombre joven
    - b. Una mujer joven
    - c. Un transportista
    - d. Un hombre viejo
14. La persona del camión viaja porque:
    - a. Quiere trabajar en La Paella Loca
    - b. Quiere trabajar de transportista
    - c. Va a visitar a su padre
    - d. Va a visitar a su hijo
15. El hijo del hombre se llama:
    - a. Daniel
    - b. Armando
    - c. Julia
    - d. Clara

11. b
12. c
13. d
14. d
15. b

Capítulo 4 – El regreso

El camión llega a Barcelona. El transportista detiene el motor y salimos por la parte trasera. Cuando el hombre viejo se esconde entre la **gente**, yo le **doy las gracias:**
  —Gracias por el viaje.
  —De nada, chico. ¡Pasa un buen día!

Vemos el restaurante La Paella Loca. Entramos y no hay nadie dentro. Son las 5 de la tarde y aún es muy **pronto** para la **cena**.
  Le pregunto al hombre:
  —¿Qué hacemos?
  Y él me responde:
  —Yo no tengo hambre. Vamos hacia el apartamento. El hombre y yo andamos hasta el apartamento de Armando. Él no sabe que yo conozco a Armando.

Armando es mi amigo y yo sé que no conoce a su padre. Él me ha hablado de su padre, pero **muy pocas veces**. Yo sé que nunca se han visto en persona. No sé si decirle al hombre que conozco a Armando. Mejor no. Quiero que la sorpresa sea grande.

Llegamos al apartamento y entramos en el **portal**. Allí, la **recepcionista** nos dice:
  —¡Buenas tardes!
  —Hola —le respondemos.
  Subimos en ascensor hasta la **tercera planta** y salimos. Andamos hacia la puerta del apartamento.
  —Es aquí —le digo al hombre viejo.

41

—¡Por fin!

Llamamos al timbre pero no responde nadie.
—¿Julia? ¿Armando? ¿Hay alguien?

No responde nadie. Saco **la llave que Armando me dio** y abro la puerta.

El hombre me pregunta:
—**¿Dónde están?**
—No lo sé.

Entro en la habitación de Armando y abro mi mochila. En la mochila tengo mi cargador para el móvil. Durante 1 hora, mi móvil carga su batería y por fin puedo llamar a mi hermana. El teléfono suena tres veces y Julia responde:
—¡Daniel! ¡Por fin! ¡**Estaba muy preocupada**!
—Hola, hermana. Estoy bien. Estoy con un hombre en el apartamento de Armando.
—¿Un hombre?
—Sí, es una larga historia. Ven al apartamento, Julia. ¿Dónde estás?
—Estoy **dando un paseo** con Armando. Vamos ahora.
—Os esperamos aquí.

Media hora después, Armando y Julia entran en el apartamento.
—¡Hola! ¿Quién es usted? —dice Armando al hombre viejo.

Antes de que él responda, yo le digo:
—Hola, Armando. **Lo siento por** entrar a tu casa **sin permiso**, pero es un asunto importante.
—¿Qué es lo que ocurre?
—Armando, **este es tu padre**.

42

Armando se sorprende muchísimo.

−¿Mi padre? ¡No es posible!

El hombre viejo le habla:

−¿Tú eres Armando?

−Sí, soy yo. ¡No es posible que usted sea mi padre!

−Me llamo Antonio Sotomonte. Sí, soy tu padre.

Armando **se da cuenta** [realizes] de que es **verdaderamente** su padre y lo abraza. Por fin se conocen **después de tantos años**. Antonio ha estado fuera de casa **durante toda su vida**, pero por fin **ha podido volver**.

−¡**Esto habría que celebrarlo**! −dice Armando.

−¡**Estoy de acuerdo**! −dice su padre Antonio.

−¿Vamos a La Paella Loca? −dice Julia.

Yo respondo:

−¡No quiero paella! ¡Ni quiero ir a ese restaurante! ¡Ni quiero ir en autobús! ¡Quiero una pizza!

Todos comienzan a reír y finalmente yo me río también.

−Menuda semana de locos. [What a crazy week]

Anexo del capítulo 4

Resumen

El hombre viejo y Daniel salen del camión y entran en el restaurante La Paella Loca pero no hay nadie porque es muy pronto. Caminan al apartamento, entran en la habitación de Armando y tampoco hay nadie. Daniel llama por teléfono a Julia y por fin, ella y Armando regresan a la habitación. Armando conoce a su padre y Daniel no quiere volver al restaurante a comer paella.

Vocabulario

- **la gente**= people
- **le doy las gracias**= I thank him
- **pronto**= soon
- **la cena**= dinner
- **muy pocas veces**= rarely
- **el portal**= entrance hall
- **el recepcionista**= receptionist
- **subimos en ascensor**= take the lift
- **la tercera planta**= third floor
- **la llave que Armando me dio**= the key Armando gave me
- **¿Dónde están?**= Where are they?
- **¡Estaba muy preocupada!**= I was so worried!
- **dando un paseo**= having a walk
- **lo siento por**= I apologize for
- **sin permiso**= without permission
- **este es tu padre**= this is your father
- **se da cuenta**= he realizes
- **verdaderamente**= truly, really
- **después de tantos años**= after so many years
- **durante toda su vida**= throughout his life
- **ha podido volver**= he has been able to come back
- **¡Esto habría que celebrarlo!**= It should be celebrated!
- **¡Estoy de acuerdo**= I agree!

16. El hombre viejo y Daniel van primero:
    a. Al apartamento de Armando
    b. A una cabina telefónica
    c. Al restaurante La Paella Loca
    d. Al aeropuerto

17. Al principio, en el apartamento de Armando:
    a. Están Julia y Armando
    b. Está solo Julia
    c. Está solo Armando
    d. No hay nadie

18. Cuando Daniel entra en la habitación de Armando:
    a. Carga la batería de su móvil
    b. Prepara la cena
    c. Llama a Armando
    d. Llama a sus padres

19. Daniel llama a:
    a. Sus padres
    b. Armando
    c. Julia
    d. El transportista

20. Julia quiere ir a:
    a. La Paella Loca
    b. El restaurante de pescado
    c. Londres
    d. Valencia

Soluciones capítulo 4

16. c
17. d
18. a
19. c
20.a

2. La Criatura

Capítulo 1 – La excursión

Silvia era una mujer a la que le gustaba hacer **senderismo**. Cada **fin de semana**, cogía su mochila, su botella de agua, su **ropa de montaña** y andaba hasta el **monte** Euria, un monte del País Vasco, al norte de España.

El primer sábado del mes, **quedó con** su amigo Jorge. A Jorge también le gustaba andar y el **senderismo**, por lo que acompañó a Silvia en su **excursión**. Ellos se vieron al principio del camino y se saludaron:

—¡Silvia! ¡Estoy aquí! –gritó Jorge.
—¡Te veo! ¡Voy hacia allí!
Silvia **se detuvo** y esperó a Jorge. Jorge corría mucho hacia Silvia.
—Jorge, no corras tanto. **Te vas a cansar**.
—No te preocupes, tengo una **bebida energética** para el camino.

Euria es un monte muy famoso del País Vasco donde muchos montañistas van a hacer senderismo o a correr. Algunas familias van en coche a cenar allí, otra gente va a hacer fotos profesionales y algunos hacen **acampada** en verano.

48

El País Vasco es una región de España con **temperaturas muy suaves**. Normalmente en el País Vasco llueve mucho, está **nublado** y el verano no es muy caluroso. La temperatura es mediana. Silvia y Jorge aprovechan a ir en junio, cuando las temperaturas son **cálidas** y no tienen que llevar **chaqueta**.

—Jorge, ¿por qué camino vamos? ¿El de la izquierda o el de la derecha?

—Yo prefiero el camino de la izquierda.

—Pues yo prefiero el camino de la derecha.

—¿Por qué, Silvia?

—Hay una leyenda por ese camino. Dicen que han visto a una criatura grande y **peluda** muchas veces.

—¿Te crees esas historias?

—Podríamos ir por allí.

—Está bien, Silvia. Iremos.

Una hora después, caminaban por un camino **estrecho**, rodeado de árboles y el sol apenas se veía en el cielo.

Silvia preguntó a Jorge:

—¿Tú crees que hay criaturas **extrañas** por los bosques?

—Yo no lo creo.

—¿Por qué?

—Nunca he visto ninguna criatura. ¿Tú sí?

—No en este bosque.

Jorge no sabía **a qué se refería**, pero prefirió no preguntar y seguir andando.

Varios kilómetros después, los dos amigos anduvieron entre árboles y caminos. El sol no se veía y sus pasos les llevaban a un lago donde había una casa. La casa era de **madera** y parecía vieja.

—Mira, Jorge, allí.

—¿Dónde?

—¡Allí! Hay una casa de madera.

—¡Ah, sí! ¡La veo! ¿Vamos?

—¿Y si hay alguien?

—**No tengas miedo**, Jorge. Seguro que no hay nadie.

La pareja anduvo hasta la casa y antes de entrar exploraron el lugar.

Silvia dijo:

—Esta casa parece que **fue construida** hace muchísimo tiempo.

—Sí, Silvia. Mira el estado de las ventanas y de la madera. Están muy viejas. ¡Ven aquí!

Shore of the lake

Se acercaron a la **orilla del lago** donde las pequeñas **olas** hacían moverse una pequeña **barca**. La **barca** parecía igual de vieja que la casa.

—Silvia, ¿montamos en ella?

—¿Para qué?

—Podemos ir hacia el centro del lago. ¡**Vamos a divertirnos**!

—¡Vamos!

Silvia y Jorge montaron en la **barca** y dejaron sus mochilas en ella. La madera parecía tan vieja que parecía estar rota. Había dos **remos**. Usaron los **remos** para llegar al centro del lago. oars

Silvia le dijo a Jorge:

—¡Qué bien se está aquí, Jorge!

—Sí, es verdad. Aunque haya muchos árboles, podemos ver el sol perfectamente desde aquí.

—Sí. ¿Quieres **merendar**? *a snack*

—¡Claro, Silvia! ¿Qué has traído?

Silvia sacó de su mochila varios **pasteles**, bebidas energéticas y un sándwich.

—¿Qué quieres?

—El sándwich tiene buena pinta. *looks good*

—Yo no lo quiero, así que para ti, Jorge.

—¡Gracias!

Comieron con tranquilidad mientras la barca se mantenía en medio del lago. **De repente**, oyeron algo que venía de la casa:

—¿Has oído eso? —le dijo Jorge a Silvia. *frightened*

—Sí, lo he oído —le respondió Jorge con cara asustada.

—Creo que viene de la casa.

—Yo también lo creo. ¡Vamos!

Jorge y Silvia comenzaron a remar sin pausa hasta que *now* llegaron a la orilla. Volvieron a ponerse las mochilas y anduvieron hasta la vieja casa de madera.

—Jorge, antes no te he dicho nada, pero quería entrar dentro de la casa.

—¿Por qué? ¿No se supone que íbamos a hacer senderismo?

—Sí, pero en los bosques hay muchas cosas **abandonadas** y me gusta **explorar**.

—Entremos en la casa, entonces.

Pocos pasos después, la puerta de la casa se abrió y la pareja entró. Dentro estaba todo muy **sucio** y abandonado. Parecía una casa que se usó hace muchísimos años. Ahora no había más que **polvo**. dust

—Silvia, mira esto.

—¿El qué?

—Aquí, al lado de la ventana.

Y Silvia se fijó. En el suelo, entre el polvo, había **huellas** muy grandes.

footprints

—¿De qué crees que pueden ser estas huellas?

—Yo creo que son huellas de un **oso** —dijo Silvia.

—¿De un **oso**, Silvia? ¡No hay **osos** por aquí cerca! Los **osos** que hay más cerca de aquí están en otro monte a muchos kilómetros.

—Entonces no sé de qué pueden ser. ¡Vámonos de aquí!

Sin previo aviso, un ruido en la cocina los sorprendió y pudieron ver a una figura muy grande y peluda salir por la puerta **rompiéndolo** todo. La criatura **gruñía** y corría muy rápido. La pareja se paralizó hasta que la criatura **se perdió de vista** en el bosque.

Anexo del capítulo 1

Resumen

Silvia y Jorge van a hacer una excursión al monte Euria. Llevan mochilas con bebidas energéticas y comida. Van por un bosque cuando se encuentran una casa vieja y un lago con una barca. Oyen ruidos dentro de la cocina de la casa y ven como una criatura grande sale corriendo de ella hacia el bosque.

Vocabulario

- **la criatura** = creature
- **el senderismo**= hiking
- **el fin de semana**= weekend
- **la ropa de montaña**= mountain clothing
- **quedó (quedar) con** = to meet up with
- **la excursión**= excursión
- **se detuvo** = stopped
- **te vas a cansar**= you'll get tired
- **la bebida energética**= energy drink
- **la acampada**= camping
- **temperaturas muy suaves**= mild temperatures
- **nublado**= cloudy
- **cálidas**= warm
- **la chaqueta**= jacket
- **peluda**= furry
- **estrecho** = narrow
- **extrañas**= strange
- **a qué se refería**= what she meant
- **la madera**= wood

- **no tengas miedo**= don't be afraid
- **fue construida**= it was built
- **la orilla del lago**= shore of the lake
- **las olas**= waves
- **las barca**= boat
- **vamos a divertirnos**= let's have fun
- **los remos**= oars
- **merendar**= have a snack
- **los pasteles**= cakes
- **de repente**= suddenly
- **abandonadas**= abandoned
- **explorar**= explore
- **sucio**= dirty
- **el polvo**= dust
- **las huellas**= footprints
- **el oso**= bear
- **rompiéndolo**= breaking it
- **gruñía**= growl
- **se perdió de vista**= was no longer in sight

Preguntas de elección múltiple

Seleccione una única respuesta por cada pregunta

1. Silvia y Jorge son de:
   a. Barcelona
   b. País Vasco
   c. Valencia
   d. Andalucía
2. La excursión es hacia:
   a. Un monte
   b. Una playa
   c. Un pueblo pequeño
   d. Una ciudad
3. Andando por un camino, se encuentran:
   a. Un pueblo
   b. Una ciudad
   c. Una tienda
   d. Una casa
4. Al ver la barca del lago:
   a. Se sientan en ella
   b. Se duermen en ella
   c. La usan para calentarse
   d. La usan para ir al centro del lago
5. Al final del capítulo, oyen un ruido en:
   a. La barca
   b. La cocina
   c. La sala
   d. El bosque

Soluciones capítulo 1

1. b
2. a
3. d
4. d
5. b

Capítulo 2 – La búsqueda

–¿Has visto eso, Silvia?

–¡Sí! ¿Qué era eso?

–¡No lo sé! Pero era una criatura muy grande y **fea**.

–¿Qué hacemos ahora, Jorge?

–¡Vamos a por ella!

–¿Vamos a **perseguirla**? pursue

–¡**Por supuesto**!

Jorge y Silvia salen de la casa vieja de madera y persiguen las huellas de la criatura en el bosque.

–Hay muchos árboles y muchos caminos –dice Jorge–, paths
tenemos que separarnos.

–¡Estás loco, Jorge! ¿Separarnos? ¡Hay una criatura loose
muy fea y grande **suelta** y no sabemos lo que es!

–Lo sé, Silvia. Pero si podemos **grabarla** con el móvil,
quizás **saldremos en las noticias**. record

–¿**Qué más da**? Who cares

–Yo quiero salir en las noticias.

–Qué **tonto** eres **a veces**, Jorge. **En fin**, vamos a
separarnos. Stupid

Dos horas después, Silvia y Jorge andaban por el bosque, persiguiendo a la criatura.

Silvia no creía que la criatura **fuese** real. Ella pensaba was
que la criatura sería un **bromista disfrazado**. joker dressed up
However **En cambio** Jorge pensaba que era una criatura real,
un tipo de animal que había sobrevivido en los bosques y que
nunca había sido **grabado**

Jorge llegó a una montaña. En la montaña había una
cueva. Dentro de poco iba a **hacerse de noche**, así que
Soon it was going to be night

entró en la **cueva**. Si entraba en la cueva de noche, no habría luz al salir. Sacó el móvil de su bolsillo y comenzó a grabar. Dentro de la cueva no había nada, pero de repente, se oyó un **grito**. Era la criatura e iba hacia él.

Silvia llevaba horas **sin saber nada** de Jorge. No sabía dónde estaba y en ese sitio su móvil no tenía **cobertura**. Ella volvió a la casa vieja porque ya era de noche. Había una vieja cama y se sentó en ella para esperar a Jorge. Sacó de su mochila un trozo del sándwich y lo comió. Al final, se quedó dormida.

Silvia se despertó al día siguiente. Jorge no estaba. Silvia empezó a preocuparse mucho por él, así que decidió salir de la casa y salir del monte. Anduvo horas y horas, bajó por el camino por donde habían venido el día anterior y llegó a ver un **pueblo**.

El pueblo estaba muy animado. Todas las familias salían a trabajar, los niños **jugaban** y **corrían** para ir a clase, los coches arrancaban y olía a la comida del **desayuno**. Silvia se acercó al restaurante más cercano. Entró al restaurante y había mucha gente desayunando. Gente de todas las edades, familias enteras, jóvenes y **ancianos**. No sabía qué decir, ni tampoco qué preguntar.

Se acercó al **camarero** del restaurante y le dijo:
—Hola, señor.
—¡Hola, jovencita! ¿Qué desea?
—¿Puedo usar el teléfono del restaurante?
—Por supuesto que puede. Está en esa **pared** de allí.
—Gracias, ¿desea algo más?
—No, muchas gracias, señor.

Silvia se acercó al teléfono de la pared y marcó el número de Jorge. Quizás el problema era su móvil, pero no. El teléfono no dio ninguna señal. Se puso a pensar y se decidió: llamaría a casa de Jorge.

El teléfono sonó una vez, dos veces, tres veces. ¿Por qué nadie lo **cogía**?

Silvia no sabía qué estaba pasando. Normalmente el hermano de Jorge estaba en casa por las mañanas, porque él trabajaba desde casa.

Llamó por segunda vez pero no había respuesta.

Entonces Silvia salió del restaurante y se sentó en un **banco** de la calle. Allí, se puso a pensar otra vez. Silvia era una mujer muy inteligente, y pensaba siempre que había problemas, nunca solía ponerse demasiado nerviosa.

Se levantó del banco y se decidió: iría directamente a casa de Jorge. Quizás él tampoco había encontrado nada y había vuelto a su casa. Llamó a un taxi por la calle y habló con él mientras iban a casa de Jorge.

—¿Cómo te llamas? —dijo el taxista
—Silvia, me llamo Silvia.
—¿Y qué haces, Silvia? ¿Vas al trabajo?
—No, voy a ir a visitar a un amigo a su casa.

—¡Vaya! ¡Qué envidia! ¡Yo tengo que trabajar todo el día!

Silvia no dijo nada más. El taxista era un hombre muy **simpático** y hablador pero ella no quería hablar. Solo quería encontrar a Jorge. No creía que hubiese ninguna criatura extraña en el bosque, pero quería saber dónde estaba su amigo.

59

—Ya estamos, Silvia. Son 9,50 €.

—Tome, **quédese las vueltas**.

—¡Gracias! ¡Tenga un buen día!

—Usted también.

Silvia se bajó del taxi y anduvo hasta la casa de Jorge. La casa era muy grande y bonita, tenía dos **pisos**, jardín y **garaje** propios. Estaba ubicada en un **barrio** muy bonito y tranquilo, con casas grandes y tiendas que vendían fruta, pan y todo lo necesario. El coche de Jorge estaba delante de la casa. ¿Estaría Jorge dentro? ¿Habría llamado a su familia?

—No lo entiendo. Si Jorge hubiese cogido el coche para volver a su casa, ¿por qué no tengo ningún mensaje en el móvil?

Silvia llamó a la puerta tres veces, pero nadie contestó.

Preocupada, fue hacia la casa de sus dos amigas: Claudia y Verónica. Sus dos mejores amigas tampoco estaban en casa y sus móviles estaban apagados. Algo raro estaba pasando y no podía entenderlo. Todos sus amigos y amigas habían desaparecido desde que se encontraron con aquella **extraña** criatura.

Decidió tomar la iniciativa y descubrir qué era esa criatura. No creía que fuese una criatura, pero la llamaba así. Seguramente era un oso, **lobo** o algo parecido. En la casa había poca luz y no pudieron verlo bien.

Pocos minutos después, cogió otro taxi y volvió al camino para entrar en el bosque y en el lago. Anduvo por el camino varios minutos y allí pudo ver la casa vieja de madera. Esta vez había algo diferente: había luz dentro de la casa.

Anexo del capítulo 2

Resumen

Silvia y Jorge buscan a la criatura de los bosques. Jorge desaparece y Silvia no sabe dónde está. Ella vuelve a la casa y se duerme en una cama vieja. Al despertar, Jorge no está. Se preocupa y vuelve al pueblo, pregunta por Jorge e intenta buscar a sus amigas, pero no hay nadie. Por fin, vuelve a la casa del lago a intentar comprender qué ha pasado.

Vocabulario

- **fea**= ugly
- **perseguir**= pursue
- **por supuesto**= of course
- **tenemos que separarnos**= we have to split
- **suelta**= loose
- **grabarlo** record
- **saldremos en las noticias**= we'll appear on TV
- **¿Qué más da?**= Who cares?
- **tonto**= stupid
- **a veces**= sometimes
- **en fin**= well (coloquial)
- **el bromista**= joker
- **disfrazado**= dressed up
- **en cambio**= however
- **la cueva**= cave
- **hacerse de noche**= night comes
- **el grito**= shriek
- **sin saber nada**= without knowing anything
- **la cobertura**= network coverage

- **jugaban** = played
- **corrían** = ran
- **el desayuno** = breakfast
- **los ancianos** = elders
- **la pared** = wall
- **cogía** = took
- **el banco** = bench
- **simpático** = likeable
- **quédese las vueltas** = keep the change
- **los pisos** = floors
- **el garaje** = garage
- **el barrio** = neighbourhood
- **extraña** = strange
- **el lobo** = wolf
- **el camarero** = waiter

Preguntas de elección múltiple
Seleccione una única respuesta por cada pregunta

6. Silvia cree que la criatura:
    a. Es real
    b. Es una broma
    c. Es Jorge
    d. Cree que es real pero no lo sabe
7. Jorge se encuentra con:
    a. Un edificio de piedra
    b. Un puente
    c. Un coche
    d. Una cueva
8. Silvia duerme en:
    a. El bosque
    b. La barca del lago
    c. La cama de la casa
    d. El pueblo
9. Al despertarse, Silvia:
    a. Viaja hacia el pueblo
    b. Viaja hacia la cueva
    c. Llama a los padres de Jorge
    d. Llama a sus padres
10. Al volver al lago, Silvia ve:
    a. La casa quemada
    b. Luz en la casa
    c. La criatura en la casa
    d. Jorge en la casa

Soluciones capítulo 2

6. b
7. d
8. c
9. a
10. b

Capítulo 3 – La sorpresa

–¡**Luz** en la casa! –dijo Silvia– ¡**No puedo creerlo**!

Silvia bajó por el camino que llevaba hacia el lago y dejó su mochila al lado de un árbol. El árbol era muy grande y tenía muchas **ramas** y hojas.

Se acercó a la casa y pudo ver luz **tenue** dentro de ella. No veía a gente, solo una luz naranja. Rodeó la casa para intentar ver quién había dentro.

–¿Hola? –gritó–. ¡Soy Silvia!

No respondió nadie, pero había **ruido** dentro de la casa.

Silvia se acercó a la puerta y la abrió. Allí se encontró algo que no esperaba.

Estaban todos sus amigos reunidos. Mucha gente estaba dentro de la casa: sus padres, toda su familia, sus amigas Claudia y Verónica y más gente.

–¡Silvia! –gritaron todos–. ¡Estás aquí!

–¡Hola! –dijo ella–. ¿Qué está pasando aquí?

–Te lo vamos a contar. Siéntate.

Silvia se sentó en la cama vieja donde había dormido la noche anterior esperando a Jorge.

–¿Qué ha pasado? –dijo Silvia finalmente.

La gente se sentó **alrededor** de ella con cara de **preocupación**. Nadie respondió.

–¿Y papá dónde está? –le dijo a su madre.

–Está trabajando, ahora viene.

–¿Alguien puede decirme qué está pasando?

Su madre se levantó y se lo contó todo:

—Creemos que una criatura se ha llevado a Jorge al bosque.

—¿Cómo? ¿Cómo sabéis que vimos una criatura?

—Jorge mandó un mensaje con su móvil.

Silvia seguía sin entender nada y dijo:

—¿Por qué estáis todos aquí?

—Porque vamos a ir a buscar a Jorge.

—¿Ahora?

—Sí, ahora.

La gente de la casa cogió sus mochilas, su comida y sus linternas para salir a buscar a Jorge.

Salieron de la casa y se separaron en grupos de cuatro personas.

Silvia se detuvo en el lago antes de buscar a Jorge. Allí se quedó pensando.

—No lo entiendo. A Jorge no le gusta ir solo. Y tiene mucho miedo de ir solo por un bosque de noche. ¿Por qué está toda la gente aquí? **Aquí hay algo que no me cuadra**.

Cuando miró a ver dónde estaba el grupo, no vio a nadie.

—¿Dónde están? ¿Hola? ¿Alguien me escucha?

Silvia anduvo hasta la entrada del bosque donde Jorge se perdió. Siguió andando y encendió una **linterna** que había cogido de la mochila.

—¿Dónde estáis todos? ¿Hay alguien?

No había nadie. Ni su familia, ni sus padres, ni sus amigas Claudia y Verónica.

—¡No entiendo nada!

Silvia volvió a la casa del lago y se sentó en la cama vieja. Esperó unos minutos pero no vino nadie. De repente, oyó un ruido en la cocina.

Se levantó de la cama y se acercó despacio a la cocina. Intentaba no hacer ruido. Quería ver qué había en la cocina. ¿Serían sus amigas? ¿Sería su madre?

Encendió la **linterna** y vio a la criatura. Un monstruo muy grande y feo, muy **peludo**.

Silvia gritó y salió de la casa corriendo.

—¡Ayuda! ¡Ayuda!

La criatura corría más que ella y la alcanzó. Ella se cayó al suelo y **pataleó**. La criatura la había cogido de las piernas y no se podía soltar.

Silvia peleaba con ella, cuando de repente la criatura paró y se levantó. Se quedó mirándola mientras Silvia estaba en el suelo.

—¿Cómo? ¿Qué ocurre?

Silvia estaba muy **nerviosa**. Toda la gente que estaba antes en la casa salió del bosque con las **linternas** encendidas. Pero tenían algo más en las manos: unas **velas**.

En ese momento, ella lo entendió todo.

La criatura **se quitó** el **disfraz**: era su padre.

—¡Feliz cumpleaños, cariño!

—¡Feliz cumpleaños! —dijeron todos.

Silvia no sabía si gritar o reírse.

—Papá, ¿eras tú la criatura? ¿Siempre lo has sido?

—Sí, hija. Siempre he sido yo.

—¿Y dónde está Jorge?

Jorge apareció del bosque, pero no estaba **sucio** ni tenía **heridas**.

—Lo siento, Silvia. Te hemos gastado esta **broma**, pero te vamos a hacer un buen regalo.

—¿Qué regalo?

Toda la gente la levantó del suelo y la llevaron al frente de la casa.

—Tus padres te han comprado esta vieja casa y la vamos a **remodelar** entre todos. Será nuestra **casa de veraneo**.

Silvia comenzó a reír. Todo el grupo aplaudió en alto. Creían que Silvia era muy **valiente**.

—Espero que no haya ningún oso cerca cuando hagamos excursiones aquí —dijo.

Anexo del capítulo 3

Resumen

Silvia ve luz en la casa del lago. Se acerca y entra a la casa. Dentro está toda su familia, sus amigos y más gente. Salen a buscar a Jorge pero la dejan sola. Vuelve a la casa y la criatura está en la cocina. Pelea con la criatura pero es su padre disfrazado. Es una broma y un regalo de cumpleaños. La casa del lago va a ser su casa de veraneo.

Vocabulario

- **luz** = light
- **¡no puedo creerlo!** = I can't believe it
- **la rama** = branch
- **tenue** = faint
- **ruido** = noise
- **alrededor** = around
- **la preocupación** = worry, concern
- **aquí hay algo que no me cuadra** = there is something wrong here
- **la linterna** = torch
- **el peludo** = hairy
- **patalear** = kick about
- **nerviosa** = nervous
- **las velas** = candles
- **se quitó** = took off
- **el disfraz** = the costume
- **sucio** = dirty
- **las heridas** = wounds
- **broma** = joke, prank

69

- **remodelar**= remodel, rebuild, restyle
- **la casa de veraneo**= summer house
- **valiente**= brave

Preguntas de elección múltiple

Seleccione una única respuesta por cada pregunta

11. La primera vez que Silvia entra en la casa, se encuentra con:
    a. Jorge
    b. Su padre
    c. Toda la gente reunida
    d. La criatura

12. Ellos deciden:
    a. Salir a buscar a Jorge
    b. Llamar a Jorge por el móvil
    c. Buscarle en el bosque
    d. Volver al pueblo

13. Cuando Silvia se queda pensando en el lago:
    a. Ve algo extraño en el agua
    b. Se encuentra con su padre
    c. Se encuentra con la criatura
    d. La dejan sola

14. Al volver a la casa:
    a. Oye un ruido en la cocina
    b. La llaman por el móvil
    c. Claudia y Verónica entran en la casa
    d. Se duerme

15. La criatura era:
    a. Su madre
    b. Jorge
    c. Su padre
    d. Un oso

Soluciones capítulo 3

11. c
12. a
13. d
14. a
15. c

3. El Caballero

Capítulo 1 – El oro

Hace mucho tiempo, existía un **reino** lleno de gente exótica, animales y criaturas fantásticas. En ese reino, paseaba un **caballero** vestido de color negro y blanco.

En la **plaza**, se detuvo a comprar fruta.

—Hola, caballero —le dijo el trabajador que vendía **fruta**.

—Saludos.

—¿Desea **fruta**?

—Sí, por favor.

El trabajador le entregó varias manzanas al caballero y él continuó andando por la plaza. La plaza era un lugar muy grande, con mucha luz, mucha gente y diferentes productos para comprar. El caballero se acercó a otro trabajador que vendía más cosas y le hizo varias preguntas:

—Hola, amable **tendero**.

—Saludos, caballero.

—¿Tiene usted **pociones**?

—¿Qué tipo de **pociones**?

—Pociones de **fuerza**.

El tendero buscó en sus **bolsas** y le dijo al caballero:

—Lo siento. No tengo ahora, pero puedo prepararlas.

—**¿Cuánto tiempo tarda** usted en preparar dos **pociones** de fuerza?

73

—Cuando sea **la hora de comer**, usted las tendrá aquí.

—Gracias, amable tendero.

El caballero andaba por la plaza y la gente lo miraba. Era un caballero desconocido, nadie lo conocía, pero era **famoso**. **Había luchado contra** muchos **monstruos** y criaturas extrañas. Viajaba de reino en reino luchando contra los enemigos de los reyes.

Llegó a la entrada del **castillo** y allí dos **guardias** lo detuvieron.

—¿Quién eres, extraño hombre? —le dijo uno de los guardias.

—Me llamo Lars. Quiero ver al rey de este reino.

—**Me temo** que no puedes ver al rey. Está ocupado.

Lars **retrocedió** varios pasos y dejó su mochila en el suelo. La mochila contenía muchos objetos extraños y **pergaminos**. El caballero sacó de su mochila un **pergamino** viejo y se lo dio al guardia.

—Tengo una invitación para ver al rey —dijo Lars.

El guardia miró el **pergamino**. El **pergamino** parecía **oficial**, tenía una **firma**.

—Está bien —le dijo el guardia—, puedes pasar.

—Gracias.

El caballero entró por la gran puerta de **piedra** y atravesó el **puente** hacia el castillo. El castillo era muy grande, alto, con grandes **murallas**. Lars llegó a la segunda puerta. Allí los guardias lo dejaron pasar y entró dentro de la **sala** del castillo.

La **sala** era muy grande y estaba muy **adornada**. Había muchos guardias que lo miraban con **desconfianza**. No sabían qué hacía Lars allí. El rey Andur bajó por unas escaleras de la sala. Estaba vestido de rojo completamente y llevaba una **corona** de **oro**.

—¿Tú eres Lars? —le dijo el rey Andur.
—Sí, yo soy Lars.
—¿Qué estás haciendo aquí, en mi castillo?
—He venido a hablar con usted.
—Ven a mis **aposentos**.

En los aposentos del rey, Lars y el rey Andur se sentaron en dos sillas diferentes. Lars bebía un **vino** que el rey le había dado.
—Gracias por el vino, señor —le dijo.
—Ahora dime, caballero. ¿Qué quieres?
—He oído que necesita ayuda.
—¿Y qué has oído exactamente?
—Usted necesita a alguien que lleve un cargamento de **oro** al reino de su hermano, pero no **confía** en nadie para hacerlo.

El rey pensó durante varios minutos la propuesta de Lars.
—¿Por qué **debería** confiar en ti, caballero?
—La gente ha confiado en mí durante mucho tiempo. Nunca he **estafado** a nadie.
—Es mucho **oro**.
—Sí, es mucho **oro**. Pero no quiero más **oro**. Ya tengo mucho. He vivido muchas **aventuras** y tengo suficiente.
—Entonces, ¿por qué quieres seguir con las **aventuras**?

—Sigo con las **aventuras** porque es mi vida. Me gusta viajar y explorar el mundo.

Pocos minutos después, el rey Andur se decidió:
—Está bien, Lars. Baja las escaleras **de nuevo** y diles a mis guardias que vas a llevar el cargamento de **oro** al reino de mi hermano.
—Gracias, rey Andur.
—**No me des las gracias todavía**. Cuando tenga noticias de mi hermano, estará todo bien.

El caballero bajó las escaleras y habló con los guardias. Los guardias dijeron:
—¡Lars! ¡Estás aquí! Hemos oído que vas a llevar el cargamento de **oro**.
—Sí, voy a llevar el **oro** al reino del hermano del rey.
—Entendido. Vamos a ayudarte. Voy a llamar a los otros dos guardias.

Poco después, un grupo de tres guardias con **espadas** y **escudos** fueron con el caballero a la carretera.
La **carretera** del norte llevaba directamente al reino del hermano del rey Andur. Allí, los **caballos** y el cargamento esperaban para comenzar el viaje.
El caballero dijo:
—Disculpen un momento. Tengo que ir a la plaza.

El caballero volvió a hablar con el amable **tendero**.
—Saludos. ¿Tiene usted mis **pociones**?
—¡Sí, están aquí!
El tendero le dio las pociones en la mano y le dijo:
—Cuestan 3 **piezas** de **oro**.
El caballero le dio 3 **piezas** de **oro**.

—Gracias, amable **tendero**. Tenga usted un buen día.

—Usted también. ¡Buen viaje!

Lars volvió al cargamento donde los tres guardias esperaban. Los caballos habían comido y estaba todo listo.

Uno de los guardias, llamado Alfred, le dijo:

—¿Estás listo, Lars?

—Sí, ya está todo listo. Podemos comenzar el viaje.

—Antes de comenzar, tengo que decirte que somos los mejores guardias del rey. **Solucionamos** cualquier problema que haya en el camino. Si intentas **robar** el **oro**, te mataremos.

—¡Vaya! —dijo Lars—. ¡Qué amabilidad!

—No es una **amenaza**, caballero. Solo es una **advertencia**.

—Está bien, vamos.

Los caballos comenzaron a andar. Las bolsas de **oro** estaban en la parte trasera de los **carros** y Lars sonrió mientras el grupo comenzaba a andar por el camino del bosque.

Anexo del capítulo 1

Resumen

El caballero viaja al reino del rey Andur. Allí compra dos pociones y anda hacia el castillo. Habla con el rey para llevar el cargamento de oro al reino de su hermano. Tres guardias del rey viajan con él y el viaje comienza al salir del castillo.

Vocabulario

- **el reino**= kingdom
- **el caballero**= knight
- **la plaza**= square, marketplace
- **la fruta**= fruit
- **el tendero**= shop assistant
- **las pociones**= potions
- **las bolsas**= bags
- **¿cuánto tiempo tarda usted en...?** = how long does it take you to...?
- **la hora de comer**= lunch time
- **famoso**= famous
- **había luchado contra** = he had fought against
- **los monstruos**= monsters
- **el castillo**= castle
- **los guardias**= guards
- **me temo**= I'm afraid...
- **retrocedió**= he went back
- **el pergamino**= scroll
- **oficial**= official
- **la firma**= signature
- **la piedra**= stone

- **el puente**= bridge
- **las murallas**= walls
- **la sala**= hall
- **adornada**= decorated
- **desconfianza**= suspicion
- **la corona**= crown
- **los aposentos**= throne room
- **el vino**= wine
- **el oro**= gold
- **confía**= trust
- **debería**= should
- **estafado**= cheated
- **las aventuras**= adventures
- **de nuevo**= again
- **no me des las gracias todavía**= don't thank me yet
- **las espadas**= swords
- **los escudos**= shields
- **la carretera**= road
- **los caballos**= horses
- **las piezas**= pieces
- **solucionamos**= we solve
- **robar**= steal
- **la amenaza**= threat
- **la advertencia**= warning
- **los carros**= carriages

Preguntas de elección múltiple

Seleccione una única respuesta por cada pregunta

1. El caballero va vestido de los siguientes colores:
    a. Negro y rojo
    b. Negro y blanco
    c. Negro y azul
    d. Blanco y rojo
2. El caballero compra:
    a. Una poción de fuerza
    b. Dos pociones de fuerza
    c. Una poción de manzana
    d. Dos pociones de manzana
3. En la entrada del castillo, Lars:
    a. Habla con el rey
    b. Habla con un amable tendero
    c. Habla con el hermano del rey
    d. Habla con los guardias
4. El cargamento del viaje es:
    a. Manzanas
    b. Pociones
    c. Oro
    d. Guardias
5. El viaje es hacia:
    a. Un reino desconocido
    b. El reino del hermano de Andur
    c. El bosque del reino
    d. La plaza del reino

Soluciones capítulo 1

1. b
2. b
3. d
4. c
5. b

Capítulo 2 – El bosque

El caballero continuó el camino con los tres guardias. El cargamento de oro iba con ellos. Los caballos también.

Alfred, uno de los guardias, le dijo:

—Lars, ¿sabes lo que hay en el camino?

—Sí, Alfred. El camino no es tranquilo. Hay muchos **peligros**. Intentaremos no luchar contra las criaturas más peligrosas del camino.

—¿Sabes luchar, Lars?

—Como sabes, soy famoso por las misiones que he hecho. Sé **luchar** muy bien.

—Eso me deja más tranquilo. ¡Vamos!

El caballero Lars y los tres guardias **cruzaron** un gran puente de piedra. Era **parecido** al puente del castillo del rey Andur.

—Alfred —dijo Lars—, este puente es muy **parecido** al puente del castillo.

—Sí, Lars. Lo construimos hace mucho tiempo.

—¿Vosotros?

—Nosotros no, la gente del reino, hace muchos años.

Después de cruzar el puente de piedra, había un gran bosque. El bosque tenía muchos árboles, pero era muy **silencioso**. No había animales, ni se oía nada.

—¿Por qué es tan **silencioso** este bosque? —dijo Alfred.

—Estamos entrando en el Bosque Silencioso. Aquí no hay animales.

—¿Por qué no?

—Hace mucho tiempo, hubo una gran **batalla** entre los dos reyes hermanos.

Alfred no sabía eso. Pensaba que su rey Andur y el hermano **confiaban el uno en el otro**.

—¿Te sorprendes, Alfred? —dijo Lars.

—Sí —respondió.

—¿Por qué?

—Pensaba que los dos reyes hermanos nunca **pelearon**.

—Pues sí, **pelearon** hace muchos años.

El Bosque Silencioso era muy oscuro y apenas se veía la luz del sol. Los árboles eran muy altos, con **ramas** muy grandes.

—¿Sabes por dónde vamos, caballero? —dijo Alfred.

—Sí, el bosque es muy **oscuro**, pero sé por dónde vamos.

—¿Has estado aquí alguna vez?

El caballero Lars sonrió y dijo:

—Sí, he estado aquí.

—¿Cuándo?

—Hace muchos años.

Lars recordó aquellos años, cuando el rey Andur y su hermano peleaban. Una de las batallas más grandes fue en el bosque. Antes se llamaba el Bosque de los Animales. Después de la gran batalla, se llamó el Bosque Silencioso.

Lars dijo:

—Cuando yo era más joven, **luché para** el rey Andur. Hubo una gran **batalla** aquí.

—¿Por qué fue la batalla?

—La **batalla** la inició el rey Andur.

—¿Y por qué iba a pelear contra su hermano?

—El rey Andur quería una **fuente** que había en el bosque.

Anduvieron unos cuantos minutos sin decir nada. Alfred pensaba. Quería saber más cosas de la gran batalla. Quería saber qué pasó hace años. Pensaba que el rey Andur era un rey **pacífico**, que no luchaba contra nadie.

—¿Puedo preguntarte algo más, caballero?

—Sí, **lo que quieras**.

—¿Qué es la **fuente**?

—Espera y verás.

Lars y Alfred callaron durante una hora. La luz del sol seguía sin verse. Solo se veían árboles, mucho silencio y nada más. Finalmente, llegaron a un lago.

—Hemos llegado al lago —dijo el caballero.

—¿Qué es este lago?

—Hace muchos años, este lago era una **fuente**.

—¿La **fuente** que me has dicho antes?

—Sí.

El grupo de tres guardias y el caballero se acercaron al agua del lago. Lars habló:

—Hace tiempo, esto solo era una **fuente**. Había poca agua, no había tanta. Y el agua era **mágica**. Beber el agua **otorgaba poderes**.

—¿Qué tipo de **poderes**?

—La persona que bebía el agua se convertía en una persona muy **poderosa**.

Alfred cogió un poco de agua en sus manos y bebió.

—Parece agua normal —dijo.

—Claro —dijo Lars—, ahora es agua normal. Hace años era mágica.

Alfred secó sus manos y dijo:

—¿Y qué paso cuando el agua era **mágica**?

—Los dos reyes hermanos lucharon por la poca agua **mágica** que había. Cogieron todo el agua que había y sus soldados la bebieron toda. Solo quedó un poco.

—¿Y dónde está ese poco?

—Se perdió. Solo algunos **mercaderes** tienen el poco agua mágica que quedó. Vámonos de este bosque.

El grupo y los caballos siguieron el camino. El sol se veía en el cielo mientras salían del bosque. Los árboles ya no eran tan altos y se veía más paisaje.

—Ya hemos salido del Bosque Silencioso —dijo Lars.

—¿Dónde estamos?

—Ya casi hemos llegado. **Hemos tenido suerte.** No hemos visto ninguna criatura ni ningún monstruo.

Alfred puso cara de miedo.

¿En el bosque hay criaturas y monstruos?

Lars rió.

—Sí, hay muchas. Pero hemos viajado de día. De día no hay muchas criaturas. Hay más de **noche**.

—¿Por qué no lo has dicho antes?

—No quería **preocuparos**.

—Está bien, vamos.

El grupo siguió avanzando por el camino. Vieron una **ciudad** a lo lejos. Esa **ciudad** parecía el reino del hermano del rey Andur. Los guardias nunca habían estado allí.

—¿Ese es el reino? —dijo Alfred.

—Sí, ese es el reino. Allí es donde tenemos que entregar el cargamento de oro.

—Hay una cosa que no te he preguntado, caballero.

—Dime.

—¿Para qué es este oro?

—El rey Andur **perdió** la batalla del Bosque Silencioso. Desde entonces, el rey Andur tiene que **pagar cada año** una **cantidad** de oro a su hermano.

—¿Por qué tiene que pagarle oro a su hermano? ¿No hay **paz**?

—Hay **paz**. Pero su hermano tiene una cosa que el rey Andur no tiene.

—¿Qué es lo que tiene?

—El agua **mágica**. Y yo tengo aquí dos pociones **fabricadas** con esa agua.

Lars sacó las pociones que había comprado al tendero antes de la misión y se las enseñó a los guardias.

Anexo del capítulo 2

Resumen

El caballero y los guardias del rey Andur viajan fuera del reino. En el camino el caballero Lars les cuenta una historia. El rey Andur peleó contra su hermano en una batalla. La batalla ocurrió en el Bosque Silencioso. Su hermano ganó la guerra y ahora tiene el agua mágica, que otorga mucha fuerza a quien la bebe.

Vocabulario

- **el bosque** = forest
- **los peligros** = dangers
- **cruzaron** = cross
- **parecido** = similar
- **silencioso** = quiet
- **confiaban el uno en el otro** = trusted each other
- **pelearon** = fought
- **las ramas** = branches
- **oscuro** = dark
- **luché para** = I fought for...
- **la batalla** = battle
- **la fuente** = fountain
- **pacífico** = peaceful
- **lo que quieras** = whatever you want
- **los mercaderes** = merchants
- **otorgaba** = gave
- **los poderes** = powers
- **poderosa** = powerful
- **hemos tenido suerte** = we were lucky

- **la noche**= night
- **preocuparos**= worry you
- **la ciudad**= city
- **perdió**= lost
- **pagar cada año**= pay each year
- **la cantidad**= quantity
- **la paz**= peace
- **fabricadas**= made

Preguntas de elección múltiple
Seleccione una única respuesta por cada pregunta

6. El caballero Lars:
   - a. Conoce el camino
   - b. No conoce el camino
7. En el grupo, viajan:
   - a. Tres guardias y Lars
   - b. Dos guardias y Lars
   - c. Un guardia y Lars
   - d. Solo viaja Lars
8. En el Bosque Silencioso:
   - a. No ocurrió nada
   - b. Ocurrió una guerra entre los dos hermanos
   - c. Ocurrió una guerra desconocida
9. La fuente del Bosque Silencioso:
   - a. Sigue existiendo
   - b. Nunca ha existido
   - c. Ahora es un lago
10. Al salir del Bosque Silencioso:
   - a. Hay otro bosque
   - b. Hay un mar
   - c. Vuelven al reino del rey Andur
   - d. Ven el reino del hermano del rey Andur

Soluciones capítulo 2

6. a
7. a
8. b
9. c
10. d

Capítulo 3 – El secreto

El caballero volvió a guardar las pociones.
Alfred dijo:
—Estamos entrando en el reino Arthuren.
—Sí, Alfred. Ese es el reino del hermano del rey Andur.
—¿Por dónde vamos a entrar?
—Por la **puerta principal**.

Los caballos continuaron el camino y bajaron por una **ladera** preciosa, llena de hierba, árboles de **primavera** y **riachuelos** con mucha cantidad de agua. Mientras viajaban por el camino, vieron muchos **campesinos**.

Los **campesinos** vivían fuera de las murallas del reino. **Labraban** la **tierra** y **recogían** las **cosechas** para alimentar a la gente que vivía dentro de las murallas.

Uno de los **campesinos** se detuvo al ver que el grupo se acercaba por el camino.
—¡Saludos, señor! —dijo.
—Saludos, **noble** campesino —le respondió el caballero Lars.
—**¿A dónde se dirige**?
—Me dirijo **adentro**. Dentro de la muralla del reino.

La mujer del campesino se acercó.
—¿Quiénes son estos hombres? —le preguntó a su marido.

Su marido no respondió porque no sabía la respuesta. Así que le preguntó directamente a Lars:

—¿Quiénes son ustedes? Veo que llevan un cargamento en los caballos.

—Venimos en una misión de parte del rey Andur.

Los campesinos callaron unos segundos. Después, el hombre habló:

—**Espero que no ocurra nada grave.**

—**Tranquilo** —le dijo Alfred con una sonrisa—, está todo bien.

—Me alegro. Continúen.

El grupo siguió viajando por los campos de los campesinos y Lars dijo al caballero:

—**Parece que** tenían **miedo** o estaban preocupados.

—Y lo estaban.

—¿Por qué?

—Porque hay un secreto que el rey Andur no sabe. Solo lo sabe la gente de este reino.

—¿Y qué es? ¿Hay algún peligro?

Lars no dijo nada y siguieron el camino hasta que vieron un gran puente de piedra, parecido al del rey Andur.

Dos guardias estaban en el puente. Uno de ellos se acercó y le preguntó a Alfred:

—¿Viene usted **de parte** del rey Andur?

—Sí. Este caballero **nos ha protegido** en el camino y los otros dos guardias **vienen con nosotros**.

—Está bien. ¿Es el cargamento de cada año?

—Exacto. Es el cargamento de cada año.

El guardia de Arthuren **hizo un gesto** para abrir la puerta. Otro guardia abrió la puerta y cruzaron por ella.

Entraron en una plaza. Había mucha gente. Muchos mercaderes, muchos campesinos que volvían de trabajar. Muchos guardias.

Caminaron por la plaza y Alfred se extrañó:
—Este lugar **me resulta familiar**.
—Se parece a la plaza del reino del rey Andur.
—Sí, es **casi** idéntica.

Alfred habló con la gente del lugar, con mercaderes, campesinos y guardias y le dijo a Lars:
—Toda la gente de aquí parece muy **amable**.
—Hace mucho tiempo estos dos reinos estuvieron **unidos** –dijo Lars.

El cargamento con los caballos entró por la puerta del castillo. El castillo también era muy parecido al castillo del rey Andur. Los guardias de Arthuren llevaron los caballos a otro sitio, a **descargar** el oro. Lars y Alfred fueron a ver al rey. El rey les dijo:
—¡Bienvenidos a mi reino!
—Saludos, **majestad**.
—¡Eres tú, Lars! ¡Me alegro de verte!
—Yo también me alegro de verle a usted.

Alfred no entendía nada. ¿Por qué se conocían?

—¿Has traído todo el oro, Lars?
—Sí, ya es vuestro.
—¡Excelente! Podemos comenzar nuestro plan.

Alfred se asustó. ¿Qué plan?

Lars sacó sus pociones de fuerza, las pociones que había comprado al tendero de la plaza, antes de hacer la misión.

—¿Qué ocurre aquí? —dijo Alfred.

—Tenemos algo que contarte, Alfred.

—¿Qué ocurre?

Alfred se alejó de ellos varios pasos asustado. ¿Cómo se conocían el rey y el caballero Lars? ¿Por qué Lars saca sus pociones de fuerza? ¿No tenía el reino Arthuren agua mágica para poder fabricarlas?

Lars se acercó a Alfred:

—Alfred —le dijo—, el agua mágica de este reino hace mucho que se **acabó**.

—¿Y el rey Andur lo sabe?

—No, él no lo sabe.

—¿Y por qué le das las pociones de fuerza a este rey?

—Son las últimas pociones de fuerza, las últimas fabricadas con agua mágica.

—¿Y qué vas a hacer con ellas?

—**Vamos a fabricar** muchas más.

Alfred **se sintió traicionado**.

—¡**Me has mentido**! —dijo

—Te he mentido... Pero te he mentido por **mantener la paz**.

—¿Cómo van a tener paz los dos reyes hermanos? El secreto de que no queda agua mágica no se sabe aún. Pero alguien cercano al rey Andur **puede saberlo**.

El caballero Lars no sonreía.

—Alfred, si el rey Andur sabe que no queda agua mágica, la paz se rompe. El rey Andur ataca Arthuren y se acabó todo.

—Por eso necesitas fabricar más pociones.

—Sí, solo para **mantener la paz**.

Alfred no estaba de acuerdo.

—¿Y mi reino seguirá pagando oro cada año por miedo? Lars le dijo:

—Yo no controlo eso, Alfred.

—Lo siento —respondió Alfred—. Majestad, Lars, tengo que irme.

Cuando Alfred estaba **marchándose** del reino, Lars **acudió a él** por última vez:

—Dile a tu rey, al rey Andur, el secreto.

—¿Por qué?

—Porque el tendero que me vendió las dos últimas pociones **trabaja para él**. Su reino también tiene agua mágica.

—¿Va a haber una guerra?

—No lo sabemos, pero intentaremos que no **estalle** ninguna guerra. Pero ahora ve y díselo.

—**Hasta que nos volvamos a encontrar**, caballero.

Anexo del capítulo 3

Resumen

El grupo viaja por el camino, hablan con unos campesinos que trabajan la tierra y entran por la plaza. La plaza del reino de Arthuren es parecida a la del reino del rey Andur. Hablan con el rey de Arthuren y el caballero Lars le da las últimas pociones de fuerza. Había un secreto: Arthuren no tenía agua mágica. Al final, si el rey Andur se enterase del secreto, podría haber una guerra.

Vocabulario

- **la puerta principal**= main door
- **la ladera**= hillside
- **la primavera**= spring
- **los riachuelos**= streams
- **los campesinos**= farmers
- **labraban**= cultivate
- **la tierra**= earth
- **recogían**= picked up
- **la cosecha**= harvest
- **noble**= courteous (formal)
- **¿A dónde te diriges?**= Where are you going?
- **adentro**= inside
- **Espero que no ocurra nada grave**= I hope that nothing serious will happen
- **tranquilo**= calm
- **parece que**= it seems
- **el miedo**= fear
- **de parte de**= on behalf of

- **nos ha protegido**= protected us
- **vienen con nosotros**= come with us
- **hizo un gesto**= made a gesture
- **me resulta familiar**= I am familiar with...
- **casi** = almost
- **amable**= friendly
- **unidos**= united
- **descargar**= unload
- **Su Majestad**= His/Her Majesty
- **acabó**= finished
- **vamos a fabricar**= we're going to produce, manufacture
- **se sintió traicionado**= he felt betrayed
- **me has mentido**= you've lied to me
- **mantener la paz**= maintain peace
- **puede saberlo**= can know it
- **marchándose**= leaving
- **acudió a él**= reached him
- **trabaja para él**= works for him
- **estalle** = break out (war)
- **hasta que nos volvamos a encontrar**= until we meet again

Preguntas de elección múltiple
Seleccione una única respuesta por cada pregunta

11. La primera persona del reino que habla con ellos es:
    a. El rey
    b. La reina
    c. Un campesino
    d. Una campesina
12. La plaza del reino Arthuren:
    a. No se parece a la del rey Andur
    b. Se parece a la del rey Andur
    c. No visitan la plaza del reino
13. Lars y el rey de Arthuren:
    a. Pelean
    b. No se conocen
    c. Se conocen
14. Lars saca:
    a. Una espada
    b. 1 poción de fuerza
    c. 2 pociones de fuerza
    d. Todas las anteriores
15. El secreto era:
    a. El reino Arthuren no tiene más agua mágica
    b. El rey Andur va a atacar el reino Arthuren
    c. Lars es el rey de Arthuren
    d. El oro es falso

Soluciones capítulo 3

11. c
12. b
13. c
14. c
15. a

4. El Reloj

Capítulo 1 – Leyenda

Carlos era **relojero**. Era un hombre que trabajaba muchas horas. Él tenía **su propio taller** en Buenos Aires, Argentina. Trabajaba día y noche. **Arreglaba relojes**, creaba sus propios relojes y también hacía otros **encargos** especiales.

Era un hombre de edad mediana y no estaba **casado**. Sus padres vivían en España. Él vivía solo en una casa pequeña en una calle de Buenos Aires. Era un hombre delgado y alto, pero muy fuerte.

A Carlos le gustaba pasear por las playas de Buenos Aires. Trabajaba muchas noches y para descansar, él paseaba. Salía de su taller y andaba varios minutos para **estirar las piernas**.

Una noche paseando, se encontró con **una vieja amiga**. Se llamaba Susana.
–¡Carlos! ¿Qué tal?
–Hola, Susana. ¿Qué haces en la playa **a estas horas**?
–Estoy paseando, al igual que tú.
–Ya veo.

Carlos y Susana pasearon bastante tiempo y hablaron de muchas cosas. Hablaron de sus trabajos, de la familia, del **país** y de todo en general.

Susana le dijo:

—¿Qué tal estás en tu trabajo? ¿Trabajas mucho?

—Sí, tengo mucho trabajo y mis **clientes** están **contentos** conmigo.

—Me alegro, Carlos.

Susana trabajaba en el **puerto** y su **horario** era **nocturno**. Ella **vigilaba** los **barcos** que entraban y salían del puerto.

—Carlos, he encontrado algo.

—¿Qué has encontrado, Susana?

Susana sacó de su bolsillo un viejo **reloj**. Parecía muy antiguo. No sabía qué era.

—¿Puedes decirme qué es este **reloj**?

—**Deja que lo mire**.

Carlos lo cogió en su mano y lo **observó detenidamente**.

—No tengo ni idea —dijo finalmente.

Susana se extrañó.

—¿No sabes lo que es?

—Bueno, sé que es un reloj, pero es muy antiguo. ¿Tienes que trabajar ahora, Susana?

—No, trabajo **dentro de una hora**.

—Vamos a mi **taller**, tengo libros que nos pueden ayudar.

Carlos y Susana fueron a su **taller**. La puerta del **taller** era muy vieja y estaba muy sucia. Dentro del **taller** había muchos **aparatos**, **relojes**, **mecanismos** y diferentes piezas. Era su trabajo. Susana nunca había estado en su **taller**.

–¡Vaya! –dijo ella–. ¡Tienes muchas cosas aquí dentro!

–Sí, tengo mucho trabajo y me gusta lo que hago.

–¡Eso es bueno!

Carlos **hizo un gesto** a Susana **para que lo acompañase** a una habitación. En esa habitación había muchos libros. Los libros eran muy grandes y viejos. El título de muchos de esos libros no se podía leer.

–¿Qué hacemos aquí? –dijo ella.

–**Vamos a buscar** información.

–¿Información de qué?

–Necesito saber qué tipo de **reloj** es este. **Nunca había visto nada igual.**

Carlos y Susana **pasaron varios minutos** buscando información en los libros. Ella encontró algo en un libro que hablaba del Caribe y de piratas.

–¡**He encontrado algo**! –dijo

Carlos cerró su libro y se acercó a Susana.

–¿Qué es, Susana?

–Un libro de **piratas**.

Carlos **se extrañó** mucho. ¿Un libro de **piratas**? ¿Por qué un libro de piratas habla sobre **relojes**? **No tiene sentido**.

Susana habló:

–Este libro habla de **piratas** y del Caribe. Habla de la **época** cuando España luchaba contra los piratas en el mar del Caribe.

–Sigo sin entenderlo. ¿Por qué habla de **piratas**?

—Escucha.

Susana siguió leyendo.

—Este libro dice que existió un pirata famoso. Su nombre era Eric el Kraken. Su **reloj** era un **reloj** muy especial que tenía **poderes extraños**.

—¿Qué tipo de **poderes extraños**?

—Decía que con ese **reloj** podía viajar en el tiempo. Es una leyenda.

Carlos rió mucho y dijo:

—¿Un pirata con un **reloj** que viajaba en el tiempo? ¡Qué tontería!

Justo cuando Carlos dijo que eso era una tontería, un ruido se escuchó en el **taller** donde reparaba **relojes**.

—¿Qué ha sido eso, Susana?

—¡No lo sé! ¡Vamos a ver!

Volvieron al **taller** y el **reloj** del pirata ya no estaba. Había desaparecido. La puerta estaba abierta. Se oían pasos marchándose de allí.

—¡Nos han robado el **reloj**! —dijo Carlos.

—¿Ves, Carlos? Ese **reloj** tiene algo especial. No es un **reloj** común.

—**¡Vamos tras él!**

Carlos y Susana corrieron fuera del **taller** y volvieron a la playa. Había huellas en la arena. Huellas muy profundas y grandes, como de un hombre muy **robusto**.

—¡Mira, Carlos! ¡Está allí!

Carlos **corrió detrás** del hombre que había robado el **reloj** y le gritó:

—¡Oye! ¡Para! ¡Detente ahora mismo!

El hombre **robusto** no hizo caso de la advertencia y siguió corriendo. Carlos gritó más alto:

—¡Para! ¡Por favor, detente!

El hombre siguió sin hacer caso. Así que Carlos corrió **aún más deprisa** y lo alcanzó. **Empujó** al hombre y **cayó** en la arena. El hombre gritó y **se quejó**.

—¡Suéltame! ¡Yo no te he hecho nada! ¡Este es mi **reloj**!

El hombre tenía un aspecto extraño. No parecía un hombre moderno, ni siquiera un hombre viejo vestido con ropa de hace muchos años.

Carlos y Susana lo miraron fijamente mientras se levantaba de la **arena**. El hombre **robusto** se sacudió la **arena**. Tenía el **reloj** en su mano derecha y los miraba con desconfianza.

—¿Qué queréis? ¿Por qué me miráis así?

El hombre **robusto** hablaba con un acento muy extraño y un español muy raro. Carlos le dijo:

—Has robado mi **reloj**. Has entrado en mi **taller** y lo has cogido **sin mi permiso**.

—¡No!— dijo el hombre **robusto**—. ¡Tú me lo has robado! ¡Yo solo lo he recuperado! ¡Es mío!

Carlos y Susana se miraron.

Susana le dijo al hombre **robusto**:

—¿Quién eres?

—Soy Eric el Kraken. **Tengo que volver** al **siglo** XVII.

Anexo del capítulo 1

Resumen

Carlos era relojero. Trabaja mucho tiempo y para descansar, paseaba por la playa. En su taller, le mostró a Susana un reloj muy antiguo. La leyenda dice que el reloj tiene poderes extraños para viajar en el tiempo. El reloj es robado por un hombre extraño. El hombre extraño es el pirata Eric el Kraken.

Vocabulario

- **la leyenda**= legend
- **el relojero**= watchmaker
- **su propio taller**= his own workshop
- **arreglaba relojes**= repaired watches
- **encargos**= orders
- **casado**= married
- **estirar las piernas**= stretch his legs
- **una vieja amiga**= an old friend (she)
- **a estas horas**= at this time
- **el país**= country
- **los clientes**= customers
- **contentos**= happy
- **el puerto**= port
- **el horario**= schedule
- **nocturno**= night, nighttime
- **vigilaba**= guarded
- **los barcos**= ships, boats
- **el reloj**= watch
- **deja que lo mire**= let me have a look

- **observó detenidamente**= closely looked
- **dentro de una hora**= within an hour
- **taller** = workshop
- **aparatos** = gadgets
- **los mecanismos**= mechanisms
- **hizo un gesto**= made a gesture
- **para que lo acompañase**= to accompany him
- **vamos a buscar**= let's look for
- **nunca había visto nada igual**= I've never seen anything like this
- **pasaron varios minutos** = spent several minutes
- **he encontrado algo**= I've found something
- **los piratas**= pirates
- **se extrañó**= was astonished
- **no tiene sentido**= it makes no sense
- **época**= era, age
- **los poderes extraños**= strange powers
- **vamos tras él**= let's go after him!
- **robusto**= strong
- **el siglo**= century
- **corrió detrás (de...)**= chased someone
- **aún más deprisa**= even faster
- **empujó**= pushed
- **cayó**= fell
- **se quejó**= he complained
- **sin mi permiso**= without my permission
- **tengo que volver**= I have to go back

Preguntas de elección múltiple
Seleccione una única respuesta por cada pregunta

1. Carlos trabajaba de:
    a. Relojero
    b. Pescador
    c. Pirata
    d. No tenía trabajo
2. Susana era:
    a. Su novia
    b. Su mujer
    c. Su hija
    d. Su amiga
3. Para descansar, Carlos:
    a. Paseaba por las calles de Buenos Aires
    b. Paseaba por su taller
    c. Paseaba por la playa
    d. Leía libros
4. La leyenda decía que el reloj:
    a. Pertenecía a España
    b. Pertenecía a Francia
    c. Tenía poderes extraños
    d. Era el reloj de un rey
5. El reloj desapareció del taller de Carlos porque:
    a. Lo robó Susana
    b. Lo robó un hombre desconocido
    c. Lo perdieron
    d. Desapareció mágicamente

Soluciones capítulo 1

1. a
2. d
3. c
4. c
5. b

Capítulo 2 – El Caribe

–¿Tú? ¿Eric el Kraken? –dijo Carlos.

Carlos se acercó más a él. Parecía un pirata antiguo. Un pirata del Caribe. Un pirata de los que hablan las leyendas y los **cuentos**. ¿Podría ser verdad?

–Sí, soy yo.

Carlos ahora entendía que el reloj tenía poderes extraños.

–Ahora lo entiendo... ¡La leyenda es **cierta**!

–¿Qué leyenda? –dijo Eric.

–La leyenda de tu reloj.

Eric miró a Carlos y a Susana.

–¿Cómo sabéis eso?

Susana respondió:

–Está escrito en las leyendas de los libros.

–¿De un libro, dices? ¡JA! ¡Así que soy famoso!

–No... No exactamente. Solo tu reloj.

Eric anduvo varios pasos por la arena, pensando. **Sacó** su reloj del **bolsillo** y dijo:

–Este reloj es mío. Sí, pero no lo **fabriqué** yo. Lo **encontré** en un **tesoro** de otro pirata.

–¿Otro pirata? –dijo Carlos.

–Sí, no sé de quién. No había nadie **guardando** el tesoro.

Carlos entendió entonces que Eric el Kraken solo había encontrado el reloj. Él no sabía cómo funcionaba. Eric tampoco sabía por qué el reloj tenía esos poderes extraños.

Carlos le dijo al pirata:

—Eric, ¿sabes cómo **funciona** ese reloj?

—No lo sé. **De vez en cuando**, si lo cojo en mi mano, me transporta hasta vuestra época. Minutos después, si lo tengo en mi mano, vuelvo a mi época. Ya falta poco para volver de nuevo.

—¿Y para qué vienes aquí?

—Me gusta ver cómo han cambiado las cosas. ¡Ya no hay piratas en el Caribe! ¡Hay **edificios** muy altos! ¡Incluso hay **máquinas voladoras**!

Carlos y Susana sonrieron. El pirata no estaba acostumbrado a ver cosas normales como las que ellos veían cada día. Parecía un poco **loco**.

Eric cogió **con fuerza** el reloj de nuevo y dijo:

—En pocos segundos, volveré a mi época. Mi época y lugar de **hace cientos de años**.

Carlos y Susana se miraron. Hablaron entre ellos.

—¿Qué piensas, Susana?

—¿Qué pienso, dices?

—¿Quieres ir al Caribe del siglo XVII?

Susana se quedó **pensativa**.

—¡Vamos! —le dijo al final.

Carlos y Susana se acercaron a Eric el Kraken y le dijeron:

—Queremos ir contigo.

—¿De verdad? —dijo Eric.

—Sí. ¿Funciona si tocamos el reloj los tres?

—Sí, funciona. Solo tenéis que poner vuestras manos en el reloj.

Los tres tocaron el reloj y se transportaron al Caribe del siglo XVII, donde los barcos de España luchaban contra los piratas.

La noche se convirtió en día y **de repente**, estaban en un campamento pirata. Muchos piratas los miraban.

Uno de ellos, de **piel morena** y pelo largo, se acercó a Eric el Kraken.

—¡Hola, capitán! ¡Por fin has vuelto!

Los tres soltaron la mano del reloj. Carlos y Susana estaban confusos. Eric El Kraken era su capitán. Él les dijo a sus hombres:

—¡**Escuchad**! ¡**Os voy a presentar a**...!

Eric el Kraken **se dio cuenta** de que no sabía sus nombres. Miró a la **pareja** y les dijo:

—¿Cómo os llamáis?

—Carlos y Susana.

—¡Eso es! ¡Hombres! ¡Os voy a presentar a Carlos y Susana!

Los piratas no parecían muy alarmados. Sabían los poderes que el reloj tenía y **estaban acostumbrados** a ello. Su capitán se iba con él y volvía.

El pirata de piel morena, llamado Frank, le dijo a su capitán:

—¡**Esta vez** vienes con **alguien**!

—Sí, Carlos y Susana nos van a ayudar en nuestra misión.

Carlos le dijo a Eric:

—¿Misión? ¿Qué misión?

—Nos vais a ayudar a ganar la **batalla** contra los barcos españoles.

—¿Cómo? ¡No habías dicho nada de eso!

Eric el Kraken se alejó a su **tienda** de la playa. La **orilla** de la playa estaba **repleta** de barcos piratas. Carlos y Susana se quedaron solos con Frank.

—Me llamo Frank. Lo siento.

—¿Por qué lo sientes? —le dijo Susana.

—Eric está desesperado. Los barcos españoles conocen el reloj. Quieren conseguirlo **a toda costa**. Por eso nos atacan cada noche. **Ahora mismo** nuestros barcos luchan contra los suyos. ¿Nos ayudaréis a escapar?

Se oían ruidos de batalla, de **cañones**, a lo lejos.

Carlos dijo:

—¿Cómo queréis que os ayudemos?

—Vosotros sabéis lo que va a pasar. Vivís en el futuro.

—No, no, no. No sabemos lo que va a pasar. ¡El reloj es solo una leyenda en nuestra época!

Frank **se entristeció**.

—**Cualquiera** que toque el reloj viaja con él. Eric está **obsesionado** con él. Intenta buscar ayuda del futuro pero nunca lo **consigue**.

—¿Y qué quieres hacer? —dijo Susana.

—**Tenéis que robar** el reloj a nuestro capitán.

—¿Cuándo?

—Mañana. Mañana **habrá** una gran batalla. Eric el Kraken **va a enviar** muchos barcos a la guerra. Tenéis que llevaros el reloj y no **regresar** nunca aquí.

Frank se fue a la tienda con Eric y ellos se sentaron al lado de una **hoguera**.

—Solo soy un relojero —dijo Carlos—, ¿cómo voy a robar algo a alguien tan fuerte?

—Tenemos que buscar una **forma** de hacerlo.

—¡Tengo una idea!

Anexo del capítulo 2

Resumen

Carlos y Susana hablan con Eric el Kraken. Es un pirata del siglo XVII. Tiene un reloj con el que viaja a la época actual. Ellos viajan juntos al pasado, al siglo XVII. Eric el Kraken está obsesionado con el reloj. Frank, un hombre que conocen en el Caribe, les dice que tienen que robar el reloj a Eric.

Vocabulario

- **los cuentos**= tales
- **cuentos**= tales
- **cierta**= true
- **sacó** = took out
- **el bolsillo**= pocket
- **fabriqué**= made, manufactured
- **encontré**= found
- **el tesoro**= treasure
- **guardando**= keeping
- **funciona**= works
- **de vez en cuando**= from time to time
- **los edificios**= buildings
- **las máquinas voladoras**= flying machines
- **loco**= crazy
- **con fuerza**= strongly
- **hace cientos de años**= hundreds of years ago
- **pensativa**= thoughtful, thinking
- **de repente**= all of a sudden
- **piel morena**= brown/dark skin
- **escuchad**= listen

- **os voy a presentar a...** = I'll introduce you to
- **se dio cuenta** = realized
- **la pareja** = the pair of them
- **estaban acostumbrados** = were used to
- **esta vez** = this time
- **alguien** = someone
- **la batalla** = battle
- **la tienda** = tent
- **la orilla** = shore
- **repleta** = filled with
- **a toda costa** = at all costs
- **ahora mismo** = right now
- **los cañones** = cannons
- **se entristeció** = was saddened
- **cualquiera** = anyone
- **obsesionado** = obsessed
- **tenéis que robar** = you have to steal
- **habrá** = there will be...
- **va a enviar** = he's going to send
- **regresar** = return
- **la hoguera** = campfire
- **la forma** = way

- ***Preguntas de elección múltiple***
  Seleccione una única respuesta por cada pregunta

6. El hombre robusto se llama:
   a. Carlos
   b. Eric
   c. Frank
7. El poder del reloj es el siguiente:
   a. Viaja entre dos épocas
   b. Solo viaja al siglo XVII
   c. Solo viaja al siglo XXI
8. Eric viaja de nuevo con:
   a. Carlos
   b. Susana
   c. Carlos y Susana
   d. Él solo
9. Eric quiere:
   a. Ayuda contra los barcos españoles
   b. Escapar de los barcos españoles
   c. Quedarse a vivir con Carlos y Susana
10. Frank dice a Carlos y Susana que:
    a. Vuelvan a su época
    b. Roben el reloj
    c. Ayuden en la batalla contra los barcos españoles
    d. Se alejen de Eric

6. b
7. b
8. c
9. a
10. b

Capítulo 3 – El robo

Carlos y Susana subieron al barco de Eric el Kraken. Era un barco grande, muy grande. Tenía muchos cañones a su izquierda y muchos cañones a su derecha. Era el barco personal y favorito del pirata. Frank era su **segundo al mando** y siempre viajaba con él en el barco.

El barco tenía muchas habitaciones, **camarotes** y utensilios.

Eric el Kraken subió al **timón**.

Frank **les enseñó** el barco a Carlos y Susana.

—¿Qué os parece nuestra **preciosidad**?

Susana leía mucho. Carlos tenía muchos libros pero no leía tanto como Susana.

—¡Vaya! Estoy viendo un barco pirata de verdad. ¡Es increíble! —dijo ella

Frank rió. Tenía los **dientes** algo **sucios**.

—Nosotros lo vemos cada día.

Subieron **arriba del todo**. El barco ya estaba en marcha. Estaban yendo hacia la batalla contra los barcos españoles. El viento era algo frío y no había **nubes**. Solo se veía el agua azul del Caribe y la playa donde estaba el **campamento** de los piratas.

Eric el Kraken estaba cerca de Carlos, Susana y Frank.

Frank les dijo:

—Bien, ¿cómo vamos a hacerlo?

Carlos le respondió:

–Un momento, un momento. ¿Por qué quiere Eric que Susana y yo estemos aquí en el barco? ¡Yo no sé luchar! ¡Ella tampoco!

–**Ya os lo he dicho antes**. Está loco. El reloj es su obsesión. Él piensa que **de alguna manera** le ayudaréis a ganar la batalla.

Eric los miraba desde arriba. Su mirada no decía nada. Solo los miraba fijamente.

–Sinceramente –dijo Frank–, no sé qué piensa Eric.

–¿Por qué lo dices? –respondió Susana.

–Mirad el **mar**.

Miraron el **mar**. Agua azul, sin **nubes**. Contaron unos 10 barcos piratas. **El barco más grande** era el de Eric.

–¿Véis? Tenemos 10 barcos.

Susana entendió lo que Frank quería decir.

–Vosotros tenéis 10 barcos y los españoles tienen más, ¿cierto?

–Sí.

–¿Cuántos más?

–Son 30.

Carlos gritó:

–¡Ellos son 30! ¡Y nosotros 10! ¡Estáis locos!

–Por eso quiero **acabar con esto**. Tenéis que robar el reloj a Eric. Está obsesionado. No podemos ganar esta batalla.

–¿Qué quieres que hagamos?

Frank miró a Carlos y le dijo:

–Tú eres relojero, ¿verdad?

–Sí.

—Tienes que decirle a Eric que tienes que usar su reloj para ganar la batalla. **Quizás** funcione.

—¿Y cómo lo hago?

—¡No lo sé! ¡Pero tienes que hacerlo!

El tiempo se acababa. Los barcos españoles se veían en el horizonte.

Carlos dudó, pero luego anduvo donde estaba Eric, que hablaba con sus piratas. Les decía cómo luchar, cuál era la táctica y qué iban a hacer.

Eric vio que Carlos lo miraba.

—¿Quieres algo, Carlos? ¿Ya tienes una idea para ganar la batalla?

—Sí, sí... La tengo. Ven y te la cuento.

El robusto pirata y Carlos anduvieron varios pasos lejos de los demás. Frank y Susana **disimulaban.**

—Eric, como sabes, soy relojero. Necesito ver tu reloj.

La cara del pirata cambió por completo.

—¿Para qué lo quieres?

—Si me dejas arreglarlo, podemos ganar la batalla.

—¿Cómo?

Carlos no sabía que decir. Pensó mucho e inventó una respuesta **rápidamente**.

—Creo que ya sé cómo funciona —**mintió**.

—**¿Y qué**?

—Si me dejas verlo, puedo cambiarlo. Puedo cambiar el reloj para que nos transporte a otro sitio lejos de aquí. Así no necesitas luchar.

Los barcos españoles llegaron y **comenzaron a disparar** sus cañones. Los barcos de los piratas se defendían. También disparaban sus cañones. Carlos y Eric se **tambaleaban**.

Eric gritó a sus piratas:

—¡Vamos! **¡Seguid disparando!** ¡No podemos perder!

Carlos necesitaba ver su reloj. Sin el reloj, no podía volver a Buenos Aires. Ni él, ni Susana.

—¡Escúchame! —dijo Carlos.

Los cañones de los barcos españoles disparaban **aún más fuerte**.

—¡Déjame verlo! ¡Así podemos ganar la batalla!

El pirata lo miró, pero no quiso dárselo.

Sin previo aviso, un disparo de un cañón atravesó el **timón** y Eric cayó al suelo de **madera**. Carlos **aprovechó el momento** y robó su reloj. Salió corriendo.

Eric se dio cuenta de ello.

—¡Alto! **¡Ladrón!**

Carlos **lanzó** el reloj a Susana y ella lo cogió en el aire. Carlos corrió hacia ella y Frank los vio.

Los cañones españoles volvieron a disparar y Eric se **abalanzó** sobre Susana. Frank intentó detener a Susana. Al final, los cuatro tocaron el reloj. El reloj se activó y viajaron al siglo XXI.

Los cuatro quedaron **inconscientes**.

Horas después, Eric el Kraken, Carlos, Susana y Frank despertaban en la playa de Buenos Aires. Eric fue el primero en **despertar**. Cogió el reloj e intentó volver a su época pero ya no pudo. Estaba **roto**.

—¿Qué has hecho, Carlos? ¿Qué has hecho?

Los demás se despertaron.

Frank miró la playa, miró la ciudad y la gente. Era la primera vez que estaba en Buenos Aires. Mientras Eric el Kraken lloraba le dijo a Carlos:

—¿Esto es el Caribe del futuro?

—Bueno... —respondió Carlos—, **está** relativamente **cerca**.

Eric se acercó a los tres y les dijo:

—¿Qué haremos ahora?

Ninguno dijo nada, hasta que Carlos habló:

—Ven a mi taller. Voy a intentar reparar tu reloj, pero con una condición.

—¿Qué condición?

—Quiero que me cuentes la mejor historia de piratas que sepas.

Anexo del capítulo 3

Resumen

Eric el Kraken lucha contra los barcos españoles. Frank le dice a Carlos que tiene que robar el reloj de Eric. Carlos no sabe qué decir, pero los españoles atacan con sus cañones. La batalla comienza y pelean. Los cuatro tocan el reloj y viajan al siglo XXI. Están en Buenos Aires. Carlos quiere reparar el reloj de Eric con una condición: que él le cuente una historia de piratas.

Vocabulario

- **segundo al mando**= second in command
- **los camarotes**= cabins
- **el timón**= rudder
- **les enseñó**= showed them
- **preciosidad**= beauty
- **dientes**= teeth
- **sucios**= dirty
- **arriba del todo**= (right) at the top
- **las nubes**= clouds
- **el campamento**= camp
- **Ya os lo he dicho antes**= I've already told you before
- **alguna manera**= in some way
- **el mar**= sea
- **el barco más grande**= the biggest ship, boat
- **acabar con esto**= put an end to this
- **quizás**= maybe
- **disimulaban**= pretended

124

- **rápidamente**= quickly
- **mintió**= lied
- **¿Y qué?**= so what?
- **comenzaron a disparar**= opened fire
- **tambaleaban**= staggered
- **seguid disparando**= keep shooting, firing
- **aún más fuerte**= even stronger
- **la madera**= wood
- **aprovechó el momento**= took advantage of the moment
- **lanzó**= threw
- **el ladrón**= thief
- **abalanzó**= leaped on, jumped on
- **inconscientes**= unconscious
- **despertar**= wake up
- **roto**= broken
- **está cerca**= it's close

Preguntas de elección múltiple

Seleccione una única respuesta por cada pregunta

11. El pirata llamado Frank es:
    a. El primo de Eric
    b. El hijo de Eric
    c. El segundo al mando
    d. Nadie en especial

12. Frank dice a Carlos que:
    a. Tiene que luchar
    b. Tiene que robar el reloj
    c. Tiene que irse con Susana
    d. Quiere ir a Buenos Aires

13. Cuando Carlos habla con Eric:
    a. Eric le da el reloj
    b. Eric no le da el reloj

14. Viajan a Buenos Aires:
    a. Carlos y Susana
    b. Eric y Carlos
    c. Eric y Frank
    d. Todos

15. Carlos va a reparar el reloj de Eric con una condición:
    a. Quiere volver al Caribe
    b. Quiere que Eric le cuente una historia de piratas
    c. Quiere un barco para él
    d. Quiere que Susana le ayude

Soluciones capítulo 3

11. c
12. b
13. b
14. d
15. b

This title is also available as an audiobook.

For more information, please visit the Amazon store.

5. El Cofre

Capítulo 1 – Números

Una vez, vivió un hombre en España. Ese hombre era muy **viejo**. Había vivido muchas décadas y era muy **sabio**. El hombre viejo se llamaba Arturo.

Arturo viajaba **solo** por España. No vivía en ningún sitio mucho tiempo. Tenía dinero **ahorrado** y lo gastaba en viajar por diferentes lugares de España. Comía donde podía y dormía donde podía. Pero él tenía una misión. ¿Cuál era esa misión?

Un día, Arturo estaba en Madrid. Llevaba mucho tiempo sin **afeitarse**. En la Gran Vía de Madrid había mucha gente y lo miraban al pasar. Sus **vestimentas** eran curiosas y peculiares.

Arturo llegó al Parque del Retiro, un parque muy grande de Madrid, lleno de árboles, agua y **barquitas** para poder **pasar la tarde**. Siempre había gente: parejas, familias, jóvenes...

El hombre viejo se acercó a un hombre que leía el **periódico**. Este hombre estaba **apoyado** en un árbol y parecía muy tranquilo. Arturo se sentó **a su lado**:
—Buenas tardes, señor —le dijo Arturo.
—Hola... —le respondió desconfiadamente el hombre que leía.

—¿Qué tal, David?

David se sorprendió. ¿Cómo sabía su nombre?
—¿Ha dicho usted David?
—Sí, eso he dicho.
—¿Cómo sabe mi nombre?
—No puedo decírselo.

David dejó de leer el periódico y miró a Arturo. Lo miró **detenidamente** pero no podía saber quién es, no lo reconocía. Ni siquiera sin su **larga barba** sabría quién es.
—¿Qué quiere usted de mí? —dijo David.
—No vengo a **molestarle** ni a contarle historias de viejos, pero sí que le voy a contar algo.
—Adelante.
Arturo sacó de su bolsillo una foto. En esa foto había un **cofre** lleno de **suciedad**. Era un cofre muy viejo y parecía que guardaba algo **valioso** dentro de él.
—¿Qué es eso? —preguntó David.
—¿No sabe usted lo que es?
—Parece un **cofre**, pero no lo había visto en mi vida.
—Mire estos **números**.

El cofre tenía grabados unos números, pero faltaban tres de ellos.
—Faltan tres números —dijo David.
—Exacto, necesito esos tres números para mi misión.
—¿Qué misión?
—Eso tampoco puedo decírselo.

David no entendía lo que él quería. ¿Cómo podía darle unos números que él desconocía?

—Seguro que tiene usted guardado uno de esos números.

—No sé de qué me habla.

—Piense, David. Usted tiene que tener un objeto viejo con un número.

—Ahora que lo dice... **Venga conmigo.**

David y Arturo salieron del Parque del Retiro. Volvieron por una **calle ancha** y cogieron un autobús hasta la Gran Vía de Madrid.

Mientras caminaban entre gente, David le preguntó a Arturo:

—¿Cómo se llama usted?

—Me llamo Arturo, pero puedes **tutearme**.

—¿Cuánto tiempo llevas en Madrid?

—Llevo aquí dos meses.

—¿Te gusta?

—¡Sí! Hay mucha gente y de muchos sitios.

David y Arturo llegaron a un **almacén** de un edificio. El edificio estaba detrás de la Gran Vía. En ese **almacén**, David guardaba muchas cosas de su pasado. **Juguetes** de cuando era pequeño, **apuntes** de la universidad, fotos antiguas...

—¿Qué buscamos aquí? —dijo Arturo.

—Recuerdo tener algo como lo que dices.

—¿Un número?

—Sí, un número. Voy a buscar.

Durante media hora, David buscó. Arturo intentó ayudar pero él le dijo:

—Siéntate, no te preocupes. Ya busco yo.

Tardó una hora en encontrar lo que buscaba. Pero por fin, lo encontró.

−Mira, Arturo. Lo he encontrado.

−¿Qué has encontrado?

Arturo se levantó de donde estaba sentado y le dijo:

−¿Cómo sabes que es lo que busco?

−No lo sé, pero tengo esto desde hace muchos años.

David **desenvolvió** un **pañuelo** lleno de **polvo**. Dentro había un **collar** de **oro** con un **dibujo**. El **dibujo** era raro, pero en su interior había un número.

David le dijo a Arturo:

−No sé por qué, pero cuando me has hablado del número, he recordado esto.

−¿Quién te dio ese **collar**?

−No estoy seguro. Creo que lo tengo **desde que soy pequeño**.

Arturo abrió la puerta del almacén y David le dijo:

−¿Dónde vas?

−Ya hemos terminado aquí. Recuerda ese número.

−¡Espera!

Arturo desapareció por la puerta y David fue detrás de él. Cuando abrió la puerta **de nuevo**, ya no estaba allí. Arturo volvió a la Gran Vía y allí cogió un tren. Después, viajó al aeropuerto. El próximo destino era Mallorca, en las Islas Baleares.

Arturo pagó el billete de avión y se montó en él. Poco después, llegó a Mallorca. Allí había muchos turistas y trabajadores. Era una ciudad llena de gente, pero él sabía dónde ir. Pidió un taxi y le dijo la **dirección**. Poco después, llegó a una casa grande.

La casa grande parecía muy **cara**, de alguien con mucho dinero. La casa tenía un jardín muy grande y varios trabajadores y **jardineros** cuidaban de las **plantas** y de los árboles. Varios perros corrían por aquí y por allá. Arturo se quedó mirando fuera de la casa hasta que por fin, **llamó a la puerta**.

Anexo del capítulo 1

Resumen

Arturo era un hombre viejo con una misión. Tenía una foto con un cofre sucio. Necesitaba saber tres números y buscaba a personas para saberlos. La primera persona era David, un hombre que leía el periódico en Madrid. David tenía el número en un collar antiguo que tenía desde pequeño. Después de eso, Arturo viajó a Mallorca.

Vocabulario

- **el cofre**= chest
- **viejo**= old
- **sabio**= wise
- **solo**= alone
- **ahorrado**= saved
- **afeitarse**= shave
- **las vestimentas**= clothes
- **las barquitas**= small boats
- **pasar la tarde**= spend the afternoon
- **el periódico**= newspaper
- **apoyado**= leaning on
- **a su lado**= by his side
- **desconfiadamente**= leerily
- **detenidamente**= carefully
- **la larga barba**= long beard
- **molestarte**= bother, disturb you
- **la suciedad**= dirt
- **valioso**= valuable
- **los números**= numbers

- **ahora que lo dice**= now you say it
- **venga conmigo**= come with me
- **la calle ancha**= wide street
- **mientras**= whilst
- **tutearme**= speak to me as "tú" (more familiar)
- **¿cuánto tiempo llevas…?**= how long have you been?
- **el almacén**= storage
- **los juguetes**= toys
- **los apuntes**= notes
- **siéntate**= sit down
- **desenvolvió**= unwrapped
- **el pañuelo**= scarf
- **el polvo**= dust
- **el collar**= necklace
- **dibujo**= drawing
- **desde que soy pequeño**= since I was young
- **de nuevo**= again
- **la dirección**= address
- **la cara**= face
- **los jardineros**= gardeners
- **las plantas**= plants
- **llamó a la puerta**= knocked on the door

Preguntas de elección múltiple
Seleccione una única respuesta por cada pregunta

1. Arturo era:
    a. Un hombre muy joven
    b. Un hombre de edad mediana
    c. Un hombre de edad avanzada
    d. No se sabe
2. La foto de Arturo mostraba:
    a. Un cofre
    b. Un almacén
    c. Un collar
    d. Una ciudad
3. Arturo fue a hablar con David por primera vez en:
    a. La Gran Vía
    b. El Parque del Retiro
    c. El aeropuerto
    d. Un almacén
4. David llevó a Arturo a:
    a. El aeropuerto
    b. Un taxi
    c. Mallorca
    d. Un almacén
5. Arturo, después de hablar con David, viajó a:
    a. Madrid
    b. Menorca
    c. Mallorca
    d. Andalucía

Soluciones capítulo 1

1. c
2. a
3. b
4. d
5. c

Capítulo 2 – Mallorca

El **timbre** sonó. Arturo esperó a que alguien respondiera.

–¿Hola?

Nadie respondió.

El **anciano** se quedó esperando sentado en un banco de al lado. Parece que nadie quería abrir la puerta. Sacó su foto del bolsillo y la miró. Sonrió. Era el cofre. Volvió a meter la foto dentro de su chaqueta.

Arturo **oyó algo que se acercaba**. Era un coche. Un coche **caro** y **descapotable**. Había una mujer en su interior. Ella llevaba **gafas de sol** y no vio a Arturo.

La mujer abrió la puerta de su casa con un control remoto para entrar, pero **siguió sin ver** a Arturo.

–¡Espere!–dijo él.

La mujer vio a Arturo y detuvo su coche. La puerta **seguía abierta**.

–¿Quién eres? –dijo ella

–¿Puede **bajar** un momento del coche?

La mujer lo miró y bajó del coche. Un **mayordomo** de la casa grande se acercó y le dijo a la mujer:

–Señorita González, ¿quiere que lleve su coche al **aparcamiento**?

–Sí, Julio, gracias.

Julio era el **mayordomo**. Arturo lo entendió.

–Señorita Lucía González, ¿cierto? –dijo él.

–Sí, soy yo.

—**Vengo por** un asunto muy importante.

—¿Qué **asunto importante** puede ser ese? **Sea lo que sea**, venga usted conmigo. Venga dentro de mi casa.

Arturo siguió a la mujer dentro de su casa. El jardín era muy grande, **inmenso**. La mujer tenía una casa realmente espléndida.

—¿Todo esto es suyo? —dijo Arturo.

—Sí. Cuando tenía 25 años, creé una **empresa** y **me ha ido bien**.

—Entiendo, mucho trabajo.

—Muchísimo. Venga por aquí.

Arturo y Lucía subieron por las escaleras de la casa y llegaron a la puerta principal. La puerta principal era de madera, muy **bonita**. Su **diseño** era **antiguo**.

—¿Es su casa antigua?

Lucía sonrió.

—No, no lo es. Pero se construyó con un diseño antiguo.

El **mayordomo** Julio los seguía dentro de la casa. Llevaba una **bandeja** con **té** y **pastas**.

—Señor... —dijo Julio.

—Arturo, gracias.

—Señor Arturo, ¿quiere usted algo?

—Sí, un **té**, gracias.

Lucía se quitó la chaqueta. **Hacía mucho calor** en Mallorca.

Julio volvió a hablar a Arturo:

—**Permítame su chaqueta**, señor.

139

Arturo se quitó la chaqueta y se la dio al **mayordomo**. Él se fue de la sala y volvió para entregar el **té** a Arturo. Después, dejó a Lucía y a Arturo a solas.

Lucía se sentó en el sofá y Arturo también. **Ambos** se miraron.

—Bienvenido a mi casa, Arturo. ¿Qué desea?

Arturo bebió un poco de **té** y luego dejó el vaso en la mesita.

—Necesito saber un número.

Al igual que David, Lucía se extrañó.

—¿Un número?

—Sí, un número.

—¿Un número concreto?

—Recuerde.

Lucía intentó recordar. Ella intentó comprender lo que le decía Arturo, pero **a diferencia de** David, no recordó nada.

—**No sé a qué se refiere**. Por favor, si puede explicarse usted mejor...

Arturo miró alrededor. La sala era enorme. Seguro que encontraba el segundo número en alguna parte. ¡Claro, la foto!

—¿Puede usted llamar a su **mayordomo** para que traiga mi chaqueta? —dijo Arturo.

—Claro.

Pocos segundos después, Julio apareció con la chaqueta de Arturo. Cuando la cogió, el **mayordomo** volvió a irse.

Arturo buscó dentro de su chaqueta. Tenía muchos bolsillos y era difícil encontrar la foto del cofre. Lucía **se estaba impacientando**.

—¡Ya está! ¡Aquí lo tengo!

Arturo sacó la foto del cofre y la puso en la mesa. Lucía cogió la foto con sus manos y la miró. Entonces **se acordó de algo**.

—No sé por qué... Pero me estoy acordando de algo.

—Piense, Lucía, piense.

Lucía se levantó del sofá y Arturo sonrió. Iba por buen camino.

—Venga conmigo, Arturo. No sé quién es usted ni qué quiere, pero me ha hecho acordarme de algo.

Ambos salieron de la casa y entraron en otro pequeño edificio al lado de la casa. Dentro había muchas **estatuas**, **obras de arte** y otras cosas. Era como un pequeño museo privado.

Lucía abrió una pequeña **cajita** y **ahí estaba**. Un collar, igual que el de David. Muy viejo y sucio, pero aún se podía leer el número que había dentro.

Arturo miró el número del collar.

—Es todo lo que necesitaba saber.

—Sigo sin comprender nada, señor Arturo. ¿Qué es lo que desea? El cofre me ha hecho recordar, pero no sé por qué.

—Tengo que irme ahora, señorita Lucía, pero por favor, no pregunte más.

Arturo salió de la casa de Lucía, acompañado de su **mayordomo** Julio.

141

—¡Hasta pronto, señorita Lucía!

Ella no se despidió. No sabía a qué había venido Arturo. No se fiaba mucho y prefirió olvidarlo todo.

Arturo **alquiló** una habitación de hotel **con vistas al mar**. Durmió allí aquel día, **disfrutando** del sol y el viento del Mediterráneo. Había una tercera persona que tenía que ver. Esta persona vivía en Bilbao, al **norte** de España.

Anexo del capítulo 2

Resumen

Arturo viaja a Mallorca para ver a una mujer. La mujer se llama Lucía y es millonaria. Tiene una casa muy grande y ella invita a Arturo a entrar. Al igual que con David, recuerda el número de un viejo collar. Después de saber el segundo número, Arturo se despide. Falta una tercera persona para visitar en Bilbao.

Vocabulario

- **el timbre**= doorbell
- **el anciano**= old man
- **oyó algo que se acercaba**= he heard something approaching
- **descapotable**= convertible
- **las gafas de sol**= sunglasses
- **siguió sin ver**= (she) still didn't see
- **seguía abierta**= remained open
- **bajar**= (in this case) get out of the car
- **el mayordomo**= butler
- **el aparcamiento**= parking
- **vengo por**= I come for/to
- **el asunto importante**= important matter
- **sea lo que sea**= in any case
- **inmenso**= huge
- **la empresa**= company
- **me ha ido bien**= I've been doing well
- **bonita**= nice, lovely, pretty
- **el diseño**= design

- **antiguo**= old
- **la bandeja**= tray
- **el té**= tea
- **las pastas**= pastries
- **hacía mucho calor**= it was very hot
- **permítame su chaqueta**= let me take your jacket
- **ambos**= both
- **a diferencia de**= in contrast to...
- **no sé a qué se refiere**= I don't know what you mean
- **se estaba impacientando**= (she) was becoming impatient
- **se acordó de algo**= (she) remembered something
- **las estatuas**= statues
- **las obras de arte**= works of art
- **la cajita**= small box
- **there it was**= ahí estaba
- **ella no se despidió**= she didn't say goodbye
- **alquiló**= rented
- **con vistas al mar**= with sea views
- **disfrutando**= enjoying
- **norte**= north

Preguntas de elección múltiple

Seleccione una única respuesta por cada pregunta

6. La casa de Lucía:
    a. Era grande
    b. Era pequeña
    c. Era de tamaño mediano
    d. No se sabe
7. El mayordomo se llama:
    a. David
    b. Arturo
    c. Carlos
    d. Ninguna de las anteriores
8. Lucía recuerda algo relacionado con el número cuando:
    a. Arturo le habla sobre él
    b. Arturo le enseña la foto del cofre
    c. Arturo le habla de un cofre
    d. Arturo le habla de un collar
9. Después de despedirse de Lucía, Arturo:
    a. Viaja a Bilbao
    b. Viaja a Madrid
    c. Alquila una habitación de hotel en Mallorca
    d. Ninguna de las anteriores
10. La tercera persona con el tercer número está en:
    a. Madrid
    b. Mallorca
    c. Bilbao
    d. Ninguna de las anteriores

6. a
7. d
8. b
9. c
10. c

Capítulo 3 – La respuesta

Arturo viajó a Bilbao. Cogió un nuevo **vuelo** desde Mallorca. El **vuelo** hacía **escala** en Barcelona y luego volvía a viajar a Bilbao. En el aeropuerto compró comida **para el camino** y llegó a Bilbao.

Como siempre**, pidió un taxi**. El taxista fue muy amable y lo llevó a Bilbao. Allí, pasaron cerca del Guggenheim y pudieron ver **lo bonito que era** el museo. Arturo preguntó al taxista:

  –¿**Ha estado alguna vez** dentro del Guggenheim?

  –Sí, hace un mes estuve con mi familia.

  –¿Y le gustó?

  –Sí, es muy bonito por dentro. Pero el arte que hay dentro es muy raro para mí.

  –¿Raro?

  –Sí, es arte muy moderno. A mí me gusta más el arte tradicional.

Habló un poco más con el taxista y llegaron al centro de Bilbao. Allí, Arturo le pagó. Le preguntó al taxista:

  –¿Qué le debo?

  –Son 12,50 €, por favor.

  –**Tome**.

Arturo le dio el dinero, cerró la puerta del taxi y bajó en el centro de Bilbao. Era una ciudad bonita. Había mejorado **con los años**. Hace muchos años, la ciudad era menos verde que en la actualidad. Ahora era mucho más verde.

No se acordaba por dónde se iba a la casa de la tercera persona. Preguntó a una persona por la calle:

–Disculpe. ¿**Cómo puedo ir hasta aquí**?

Arturo le mostró un mapa. En el mapa aparecía un puerto y una casa cerca del puerto.

El amable **transeúnte** le dio la dirección.

–¡Gracias! ¡Es usted muy amable!

–**No hay de qué**.

Arturo anduvo durante media hora. No volvió a coger un taxi. Él quería andar. Estaba cansado de coger el transporte público. Quería andar, era **sano** y le gustaba.

Al final, llegó a una casa pequeña, hecha de madera. Al lado de la casa de madera había un pequeño puerto, con varios **barcos**. Los **barcos** no eran del propietario de la casa, pero él **gestionaba los alquileres**.

Arturo **se descalzó** y anduvo por la **arena**, hasta que llegó a la pequeña casa.

–¡Espero que esta vez haya alguien! –dijo, acordándose de Lucía en Mallorca.

Tocó la puerta una vez. A la segunda vez, alguien abrió. Era un hombre algo viejo, como él, pero sin barba. Tenía muchas **arrugas** en la cara.

–¡Hola! –dijo el **anfitrión**–, ¿**puedo servirle en algo**?

–Sí, mi nombre es Arturo. Quiero hablar con usted.

–¡Nada de «usted»! **Podemos tutearnos**, por favor.

–Está bien... Quiero hablar contigo.

–Pasa, Arturo.

Arturo quedó sorprendido. El anfitrión de aquella casa era una persona muy amable. Llevaba vestimentas **sencillas**, de **pescador**. La casa olía a **pescado** y tenía muchos **instrumentos de pesca**. También había libros donde **seguramente llevaba las cuentas** de los alquileres.

—¿Y bien? —le dijo él.

Arturo **se fijó que** tenía un **anillo**. En ese **anillo** aparecía un número. Comenzó a reírse.

—¿Qué ocurre, Arturo?

—Pensaba que iba a ser más difícil.

—¿El qué?

—Ese anillo tuyo... ¿Quién te lo dio?

—Fue un regalo de hace muchos años, no me acuerdo. Creo que antes era un collar.

Arturo vio el número que tenía. Ya tenía el tercer número. Tenía los tres números y podía irse. Pero no quería irse. Quería hablar un poco más con el **pescador**.

—¿Cómo te llamas? —le dijo Arturo.

—Me llamo Antxon.

—Antxon... Es un nombre vasco, ¿verdad? Del País Vasco.

—Sí.

Arturo quería ser sincero y **no andarse con rodeos**.

—Antxon **te voy a explicar** lo que ocurre. Yo tengo un cofre. Esta es la foto.

Sacó la foto del cofre y se la enseñó.

—El cofre tiene una clave, tres números, y esos tres números lo tienen tres personas diferentes.

Antxon preguntó:

—¿Y qué contiene?

—De momento no puedo decírtelo.

—¿Por qué yo tengo uno de los números?

Arturo no quiso explicar nada más. Su misión era otra.

—Antxon, toma esta **carta** y léela. Esta carta también la tienen las otras dos personas. Es idéntica. Me tengo que ir. **Confía en mí** y hasta pronto.

Arturo se fue de la pequeña casa. La carta decía así:

«Hola,

Esta carta va dirigida a las tres personas que tienen los tres números. Estos tres números abren un cofre que está en Barcelona. Quiero que dentro de tres días ***os reunáis*** *en esta* ***ubicación*** *y abráis el cofre con las tres claves que tenéis.*

No tengo nada más que decir. ***Dentro de poco sabréis*** *quién soy. Pero hoy no es ese día. Suerte.*

Un saludo,
Arturo»

Días después, David, Lucía y Antxon **se reunieron** en Barcelona, en la **ubicación** que decía la **carta**.

—Hola a los dos —dijo David.

—Hola —dijeron Lucía y Antxon.

Los tres callaron unos **segundos** hasta que al final David dijo:

—¿Qué hacemos aquí?

—¿Todos habéis leído la **carta**? —dijo Lucía.

—Sí —dijeron.

—Vamos a abrir el cofre —dijeron a la vez.

Introdujeron los números de sus collares y el cofre se abrió. Dentro había un papel.

Antxon rió:

—¡Ja, ja! ¡Todo por un papel! ¡Espero que sea un **cheque**!

—¿Alguien quiere leerlo? —dijo Lucía.

—**Yo lo leeré** —dijo David.

David cogió el papel del cofre y leyó en voz alta:

«Me llamo Ana. Lo siento mucho. Sé que ahora mismo no estoy con vosotros. Tampoco estuve hace muchos años con vosotros. Tuve que irme de casa por problemas y por el trabajo. He mandado a mi hermano Arturo para que os reúna aquí»

A David **le temblaban las manos**.

—Sigue leyendo —dijo Lucía.

«David, Lucía, Antxon. Los tres... Sois hermanos. Yo soy vuestra madre. La madre que no pudo cuidaros cuando erais pequeños. Yo os **regalé** los collares. Y creo... Creo... Que ya **estoy lista** para ello. **Quiero que me perdonéis**».

David, Lucía y Antxon se miraron. Vieron una silueta detrás de ellos. Se dieron la vuelta y allí estaba: era Ana.

–Hola, **hijos míos**.

Anexo del capítulo 3

Resumen

Arturo viaja a Bilbao. Coge un avión con escala en Barcelona. En Bilbao conoce a un taxista. Habla sobre el museo de Bilbao con el taxista. Llega a la casa de la tercera persona que se llama Antxon. Consigue el tercer número. Manda una carta a David, Lucía y Antxon. El cofre contenía una carta de su madre. Los tres eran hermanos.

Vocabulario

- **la respuesta** = answer
- **el vuelo** = flight
- **la escala** = layover, stop
- **para el camino** = for the journey
- **pidió un taxi** = requested a taxi
- **lo bonito que era** = how nice it was
- **ha estado alguna vez** = Have you ever been...?
- **tome** = take
- **con los años** = over the years
- **¿Cómo puedo ir hasta aquí?** = How can I go here?
- **el transeúnte** = pedestrian
- **no hay de qué** = you're welcome
- **sano** = healthy
- **los barcos** = ships, boats
- **gestionaba los alquileres** = managed the rentals
- **se descalzó** = took off his shoes
- **la arena** = sand
- **las arrugas** = wrinkles
- **el anfitrión** = host
- **¿Puedo servirle en algo?** = What can I do for you?

- **podemos tutearnos**= speak in an informal way
- **sencillas**= simple
- **el pescador**= fisherman
- **el pescado**= fish
- **los instrumentos de pesca**= fisheries instruments
- **seguramente**= certainly
- **llevaba las cuentas**= did the accounting
- **se fijó que**= noticed that
- **el anillo**= ring
- **no andarse con rodeos**= not pulling his punches
- **te voy a explicar**= I'll explain to you
- **la carta**= letter
- **confía en mí**= trust me
- **os reunáis**= you meet
- **la ubicación**= location, position
- **dentro de poco**= shortly
- **sabréis**= you'll know
- **se reunieron**= they met
- **los segundos**= seconds
- **el cheque**= check
- **yo lo leeré**= I'll read it
- **le temblaban las manos**= his hands were shaking
- **regalé**= gave (gift)
- **estoy lista**= I'm ready
- **quiero que me perdonéis**= I want you to forgive me
- **hijos míos**= my children

Preguntas de elección múltiple

Seleccione una única respuesta por cada pregunta

11. Arturo viajó por último a:
    a. Madrid
    b. Bilbao
    c. Valencia
    d. Ninguna de las anteriores
12. Arturo habló con el taxista sobre:
    a. La familia del taxista
    b. La familia de Arturo
    c. El Guggenheim
    d. Comida
13. Antxon, la tercera persona, vivía en:
    a. Un monte
    b. En la ciudad
    c. En un pueblo
    d. En un puerto
14. El cofre contenía:
    a. Una carta
    b. Un cheque
    c. Un mapa
    d. Ninguna de las anteriores
15. David, Lucía y Antxon eran:
    a. Primos
    b. Hermanos
    c. Amigos
    d. Ninguna de las anteriores

11. b
12. c
13. d
14. a
15. b

6. Ferrg, El Dragón

Capítulo 1 – La taberna

Érase una vez... Un dragón en una **torre**. Una **torre** muy alta, llena de habitaciones, con muchas **ventanas** y muy grande. La llamaban **torre** pero casi parecía un pueblo.

¿Qué tenía de especial esa **torre**? Nadie iba allí. **Nadie se atrevía**. ¿Por qué? Algo malvado vivía en esa **torre**. Al menos, la gente pensaba que era **malvado**.

Dentro de la **torre**, vivía una gran **criatura**. Una criatura **voladora** con grandes **escamas** y una boca que **escupía fuego**. Con ese **fuego**, podía **quemar** ciudades enteras. Era un dragón, y se llamaba Ferrg.

Los **aldeanos** de la ciudad de Mar contaban muchas historias en las tabernas. Las tabernas tenían muchos **aldeanos** sedientos que iban a beber y a descansar. Muchos estaban allí más tiempo que en su casa. Les gustaban las historias de dragones y tiempos antiguos.

El camarero le decía a Josh, un **cliente asiduo**:
—¡Sí, sí! ¡Yo lo vi! ¡Era un dragón enorme! ¡Muy grande! ¡Grandes **escamas**! ¡El aire se **calentaba** cuando volaba! Yo lo vi un día que iba **de viaje**.
Josh se rió mientras bebía un trago de cerveza.
—¡JA! ¡Eso es mentira! ¡Tú nunca has visto a Ferrg!

—¡Sí lo he visto! Yo lo he visto antes de que la gente lo llamara Ferrg.

—Eres un **mentiroso**. Anda, dame otra cerveza.

El camarero sacó una jarra y la llenó de cerveza. Josh cogió la jarra con cerveza y **pegó un trago**. Casi se bebió toda la cerveza de un trago.

El camarero le dijo:

—¿Y tú, Josh? ¿Has visto a Ferrg?

—¡Yo no! ¡Pero tampoco digo que lo he visto!

—¡Bah!

El camarero hizo un gesto y fue a servir a otros **aldeanos sedientos**. Josh se quedó solo en la **barra** de la taberna. Bebía su cerveza mientras se quedaba dormido. Sin previo aviso, sonó algo y toda la taberna **tembló**.

Los **aldeanos** se inquietaron.

—¿Qué ha sido eso?

—¡Ha temblado toda la taberna!

—¡**Cuidado**!

Se oyó un enorme **rugido** y la taberna **tembló** otra vez. El dragón Ferrg volaba encima de ellos. Los cristales de las ventanas se rompieron y algunas jarras de cerveza también.

El camarero dijo a todos:

—¡Vamos! ¡**Salid de aquí**!

Nadie se movió.

—¿Estáis **sordos**? ¡**Salid de aquí**! —repitió.

—Vamos, vamos —dijo Josh mientras terminaba su cerveza—, nadie se va a mover de aquí.

Las **alas** del dragón se oían fuera de la taberna y la gente tenía miedo.

La taberna estaba en silencio.

—¿Alguien me va a escuchar ahora?

Los **aldeanos** miraron a Josh.

Él dejó la jarra de cerveza en la barra y se levantó. Se puso en medio de la taberna y comenzó a **relatar** sus aventuras.

—¡**Nadie me cree**! ¡Pero yo conocí al dragón!

Normalmente, la gente se reía de él, pero estaban asustados. Se oía mucho ruido fuera de la taberna. El dragón volaba una y otra vez por encima, pero no parecía que estuviese haciendo nada más.

Un aldeano dijo:

—¿Ah, sí? ¿Por qué no sales y le dices que se vaya?

Josh miró al aldeano que dijo aquello y le respondió:

—¿Te irías tú del pueblo si yo te lo pidiese?

El miedo de la gente se calmó un poco porque comenzaron a reírse. Josh **aprovechó el momento** para explicarlo.

—¡Yo fui guardia del imperio! Una vez, nos enviaron a una **torre** cerca de aquí. Era una **torre** muy alta. Parecía un pueblo en ruinas. Dentro, nos encontramos al dragón. Nadie murió, yo conseguí hablar con él.

—¡Mentira! —dijo el camarero.

—¡Verdad! —dijo Josh.

—¡Mentira!

Josh ignoró al camarero.

—¡**Voy a salir ahí fuera**! —dijo señalando la puerta de la taberna—. ¿Alguien quiere venir conmigo?

Nadie dijo nada... **Durante unos segundos**. El camarero habló:

—¡**Ya basta de tonterías**! Iré yo contigo. **No soporto** que mientas tanto.

—Está bien. Ven conmigo. ¿Alguien más viene?

Nadie habló. Nadie se movió. La taberna estaba en silencio y el dragón seguía volando por encima de ellos. La taberna temblaba cada vez que sus alas se movían.

El camarero miró a los **aldeanos**:

—¡Que nadie coja cerveza **sin pagar**!

Josh le dijo:

—¡Eres un **tacaño**!

—Vamos fuera ya.

El camarero y Josh salieron. La gente del pueblo corría a un **lado** y a otro. Los niños gritaban y lloraban, los hombres cogían sus **escudos** para defender a sus familias.

Josh intentó tranquilizar a la gente:

—¡No tengáis miedo! ¡Ferrg es inofensivo!

Pero nadie le creyó. La gente tenía mucho miedo del dragón. Las historias que se contaban de él eran **terroríficas**. Se decía que la **torre** donde vivía anteriormente era un pueblo. Un pueblo como el que vivían ahora. Decían que si enfadaban al dragón, su pueblo **se convertiría** en su nueva casa.

Josh vio como el dragón volaba otra vez por encima.

—¡Un **arco**! ¿Alguien puede dejarme un **arco**?

Una aldeana se acercó y le dio un **arco**.

—¿Vas a matarlo? —le dijo a Josh.

—No. Ni con 100 **arcos** podría. Sus **escamas** son muy fuertes.

—¿Para qué quieres el **arco**?

—Para esto.

Josh cogió el **arco** y disparó una **flecha** al aire mientras el dragón volaba. El dragón no paró.

—Voy a disparar otra vez —dijo.

Volvió a coger el **arco** y disparó cerca de él. El dragón vio la flecha pasar y **aterrizó** en la plaza del pueblo.

—¿JOOOOOSSSSHHHHHH...? —dijo el dragón.

El camarero se asustó.

—¿Esa voz es de...? ¿Es de...?

—Sí, es Ferrg, y me está llamando.

Anexo del capítulo 1

Resumen

Ferrg era un dragón que vivía en una torre muy alta y muy grande. Los aldeanos del pueblo temían al dragón. Se contaban cosas terroríficas de él. El camarero de la taberna del pueblo hablaba con Josh y él le decía que había conocido al dragón. El camarero no le creía hasta que Ferrg apareció en el pueblo y llamó a Josh.

Vocabulario

- **érase una vez**= once upon a time
- **la torre**= tower
- **las ventanas**= windows
- **nadie se atrevía**= no one dared
- **malvado**= evil
- **la criatura**= creature
- **voladora**= flying
- **las escamas**= flakes
- **escupía fuego**= spit fire
- **quemar**= burn
- **los aldeanos**= villagers
- **el cliente asiduo**= regular customer
- **calentaba**= heated, warmed
- **iba de viaje**= go on a trip, travel (past)
- **el mentiroso**= liar
- **pegó un trago**= (he) swallowed
- **los aldeanos sedientos**= thirsty villagers
- **la barra**= bar (of the tavern)
- **tembló**= tremble
- **¡Cuidado!**= Look out!

- **el rugido**= roar, howl
- **¡Salid de aquí!**= Get out of here!
- **los sordos**= deaf
- **las alas**= wings
- **relatar**= narrate
- **nadie me cree**= nobody believes me
- **aprovechó el momento**= used the opportunity
- **voy a salir ahí fuera**= I'm going out there
- **durante unos segundos**= for a few seconds
- **ya basta de tonterías**= enough nonsense!
- **no soporto**= I can't stand
- **sin pagar**= without paying
- **el tacaño**= miserly, mean
- **el lado**= side, place
- **los escudos**= shields
- **se convertiría**= would become
- **el arco**= bow
- **la flecha**= arrow
- **aterrizó**= landed

Preguntas de elección múltiple
Seleccione una única respuesta por cada pregunta

1. El dragón vivía en:
   a. Un pueblo
   b. Una ciudad
   c. Una montaña
   d. Una torre
2. La gente pensaba que el dragón era:
   a. Bueno
   b. Malvado
   c. No lo conocían
3. Josh decía al camarero que:
   a. Mató a un dragón
   b. Mató a dos dragones
   c. Conoció a Ferrg
   d. Conoció a otro dragón
4. El camarero decía a Josh que:
   a. Era un mentiroso
   b. Era un héroe
   c. Era estúpido
   d. Ninguna de las anteriores
5. Cuando Ferrg aparece en el pueblo:
   a. Josh lucha contra él
   b. El camarero lucha contra él
   c. Josh va a verlo
   d. El camarero y Josh van a verlo

Soluciones capítulo 1

1. d
2. b
3. c
4. a
5. d

Capítulo 2 – El herrero

Josh se acercó al dragón **paso a paso**. Era realmente grande. El camarero estaba muy asustado y casi no se atrevía a acercarse.

—¿De verdad quieres acercarte al dragón? ¡Es peligroso! —le dijo a Josh

—No es peligroso. Lo conozco.

—¡Sigo sin creerlo!

—Ahora lo verás.

La gente corría por el pueblo. Los niños lloraban aún más y las familias escapaban. Cuando la gente veía el dragón, comenzaba a gritar. Ferrg no hacía nada. Solo **estaba quieto** en la plaza del pueblo. Miraba a los humanos con curiosidad.

Cuando Ferrg giró la cabeza, vio a Josh andando con un camarero.

Las alas de Ferrg se movieron mucho, creando una **corriente de aire**. La **corriente de aire sacudió** el **pelo** de ambos hombres. Josh supo que el dragón le había **reconocido**.

—¡Josh! —dijo el dragón con **voz muy grave**.

—Hola, Ferrg.

—Ya sabes que no me gusta que me llames así.

El camarero miró a Josh y le dijo:

—¡Te conoce!

—Pues claro que me conoce. Te lo he dicho mil veces.

—Vaya... Así que era verdad... ¿Y por qué no le gusta que lo llames Ferrg? ¿No es ese su nombre?

—**No del todo**.

El dragón movió una de sus enormes patas hacia delante y acercó su gran cabeza a la del camarero. El camarero se asustó y quedó **paralizado**.
—¿Qué hace...? —le dijo a Josh.
—Está observándote... Es un dragón muy curioso.
—¿Me va a comer?
—¡No! ¡Él no come humanos!

Ferrg abrió la boca para hablar. Tenía **muy mal aliento**. El camarero puso **cara de asco**. Entonces el dragón habló:
—¿Quién eres tú?
—Yo... Yo... —dijo el camarero sin poder decir ninguna palabra.

Josh habló con Ferrg.
—Él es el camarero de nuestro pueblo.
—Un camarero... —dijo el dragón extrañado—, ¿qué es un camarero?
—Alguien que **ofrece** bebida y comida.
—¡Entonces es un buen hombre!

El dragón movió sus alas de nuevo y creó otra **corriente de aire**.
El camarero dijo:
—¡No es tan malvado como parece! ¡**Le caigo bien**!

Josh volvió a hablar con el dragón:
—¿Por qué has venido aquí? Nunca has querido venir a mi pueblo.
—Lo sé, pero **tengo que advertiros de algo**.

El camarero insistió a Josh:

—¿Por qué no le gusta que lo llamen Ferrg?

—Ferrg es el nombre que la gente le puso. Él no tiene ese nombre. **Déjame hablar un rato con él**. Vuelve a la taberna.

El camarero volvió corriendo por la calle y entró en la taberna. Cerró la puerta y luego **cerró con llave**.

—¿Qué **advertencia** es esa?

—Se acerca otro dragón.

—¿Otro? ¿Hay más como tú?

—Los hay. Pero no somos muy frecuentes. Somos muy pocos. Ya **casi no quedan dragones** en el **mundo**.

—¿Y por qué tienes que advertirnos de esto?

El dragón miró al cielo, como si buscase algo. ¿Estaría **buscando** al otro dragón?

—Puede venir en cualquier momento. No es un dragón bueno. Es un dragón **malvado**. No quiero que haga daño a gente inocente.

—¿Y qué vas a hacer?

—Lucharé contra él si hace falta.

—¿Conoces al otro dragón?

—Sí. Es más antiguo y grande que yo.

Josh se quedó pensando. Más grande que él. Él ya era enorme. No podía imaginar un dragón aún más grande. Pensaba que solo había un dragón. Josh le dijo:

—¿Y **qué quieres de nosotros**?

—Necesito que vuestro **herrero fabrique** un **arma**.

—¿Un arma dices?

—Sí. Conozco los materiales. Pero **tenemos que convencer** al herrero para que nos ayude. Y eso es difícil. Yo no les gusto a los humanos. No entiendo por qué.

Josh se acercó un poco más al dragón y se sentó en el **borde** de un **pozo**.
—Piensan que destruyes pueblos. Existen leyendas. Las leyendas cuentan cosas terroríficas y malvadas. La gente lee esas leyendas y piensan que todos los dragones son malvados.
—Pero eso es mentira. ¿Cómo saben que soy malvado si no me conocen?
—Así somos los humanos. **Desconfiados**.

El dragón gruñó. De su boca salió un poco de fuego.
—¿Vas a ayudarme, Josh?
—El herrero vive en la **colina**. Vuela hacia allí. Yo voy ahora.

Sin previo aviso, el dragón cogió a Josh con una de sus patas y voló hacia la colina del herrero.
—¡**Alto**! ¡Alto! ¡Para! ¡**Suéltame**! —gritó Josh mientras veía la tierra alejarse de sus pies.
—Tranquilo, Josh. Así llegaremos antes.

El herrero estaba en la colina. Trabajaba mucho y cuando Josh y el dragón llegaron, él estaba **forjando** una **espada**. El herrero vio al dragón llegar y no se sorprendió. Josh se desconcertó.

El dragón se detuvo al lado del herrero y dejó a Josh en el suelo. Josh le dijo al herrero:
—Hola, Martin.
—Hola, Josh.

—No sé si lo ves, pero aquí hay un dragón y...

—Lo sé, ¿tengo que asustarme?

Ferrg dijo:

—¡Un humano que no se asusta de mí!

—Claro que no me asusto de ti. Sé que no eres peligroso. Mi padre me habló de ti.

—¿Tu padre?

—Te conoció hace muchos años.

Josh le dijo a Martin, el **herrero**:

—Martin, necesito que **fabriques** una cosa.

—¿Para qué?

—Es un arma para **matar** a un dragón.

—¿Para matar a un dragón? ¡Yo no quiero matar dragones!

—Martin, hay otro dragón, y es malvado. Si se acerca al pueblo, lo destruirá todo.

—¿Cómo lo sabes?

—Ferrg me lo ha dicho.

El dragón gruñó de nuevo. No le gustaba ese nombre.

Martin miró al dragón y luego a Josh.

—Está bien. ¿Cuáles son los **materiales**?

El dragón le explicó lo que tenía que **fabricar**.

—Tengo todos los **materiales** —dijo Martin—, pero me falta uno: **hierro** rojo.

—¿Qué es el **hierro** rojo? —preguntó Josh.

—Es un material muy **preciado**. Solo lo tiene el **alcalde**. Tienes que hablar con él.

Anexo del capítulo 2

Resumen

Josh y el camarero fueron a hablar con Ferrg, el dragón. Ferrg le dijo a Josh que existía otro dragón malvado. El dragón malvado se acercaba y Ferrg quería defender el pueblo. Josh y el dragón pidieron a Martin, el herrero, que fabricara un arma para ayudar al dragón a defender el pueblo.

Vocabulario

- **paso a paso**= step by step
- **estaba quieto**= was still
- **corriente de aire**= stream of air
- **sacudió**= shook
- **el pelo**= hair
- **reconocido**= recognized
- **voz muy grave**= very deep voice
- **no del todo**= not completely
- **paralizado**= paralysed
- **muy mal aliento**= very bad breath
- **cara de asco**= disgusted face
- **le caigo bien**= he likes me
- **tengo que advertiros de algo**= I need to warn you about something
- **déjame hablar un rato con él**= let me talk to him for a while
- **cerró con llave**= lock (the door)
- **la advertencia**= warning

- **casi no quedan dragones**= there almost no dragons left
- **el mundo**= world
- **buscando**= searching
- **malvado**= evil
- **¿Qué quieres de nosotros?**= What do you want from us?
- **el herrero**= blacksmith
- **fabricar**= manufacture, make
- **el arma**= weapon
- **el borde**= edge
- **el pozo**= well
- **desconfiados**= mistrustful
- **la colina**= hill
- **¡alto!**= (in this case) stop!
- **suéltame**= let me free
- **forjando**= forging
- **la espada**= sword
- **matar**= to kill
- **el hierro**= iron
- **preciado**= valuable, precious
- **el alcalde**= mayor

Preguntas de elección múltiple
Seleccione una única respuesta por cada pregunta

6. El dragón advirtió de:
    a. Un cataclismo
    b. Un hombre malvado
    c. Un dragón malvado
    d. Ninguna de las anteriores
7. El dragón quería:
    a. Fabricar un arco
    b. Fabricar un arma
    c. Fabricar escamas de dragón
    d. Ninguna de las anteriores
8. Josh le dijo al dragón que:
    a. Tenían hablar con el alcalde
    b. Tenían que hablar con el dragón malvado
    c. Tenían que volver a la taberna
    d. Tenían que ir a hablar con el herrero
9. El herrero:
    a. No se asustó del dragón.
    b. Se asustó del dragón.
    c. Intentó matar al dragón.
    d. Ninguna de las anteriores
10. El herrero necesitaba:
    a. Hierro rojo
    b. Hierro negro
    c. Hierro amarillo
    d. Lo tenía todo

Soluciones capítulo 2

6. c
7. b
8. d
9. a
10. a

Capítulo 3 – La daga roja

El alcalde estaba comiendo en el **ayuntamiento**. El **ayuntamiento** del pueblo era un edificio muy grande y vistoso, con muchos **adornos**. Allí, el alcalde tenía muchos trabajadores y **súbditos** que trabajaban para él.

Josh decidió ir a hablar con el alcalde después de hablar con el herrero. Necesitaba el hierro rojo para fabricar el arma.

Cuando Josh **estaba a punto** de abrir la puerta del **ayuntamiento**, el camarero lo saludó:

—¡Josh!

—Hola de nuevo —le respondió él.

—¿Has hablado más con el dragón?

—Sí, hemos hablado.

Josh no sabía si contarle que Ferrg, el dragón, le había hecho una advertencia de otro dragón malvado. A la gente del pueblo no le gustaban los dragones. No podía decir a todo el pueblo que existía un dragón malvado.

—¿Y qué te ha dicho? —le dijo el camarero.

—Te voy a decir algo, pero no se lo digas a nadie.

—Dime, Josh.

—Ya has visto que Ferrg es un dragón bueno. Pero existe otro que es malvado.

—¿Un dragón malvado?

—Sí, por favor, no se lo digas al pueblo o **cundirá el pánico**.

—Entendido. Voy a la taberna. Hasta luego, Josh. Luego hablamos.

Josh abrió la puerta del **ayuntamiento** y le dijo a un guardia que quería ver al alcalde.

—Es un **asunto muy importante** —le dijo.

El guardia llevó a Josh a los **aposentos** del alcalde. Él estaba sentado comiendo un **muslo de pollo.**

—¿Qué quieres? —le dijo el alcalde.

—Quiero hablar con usted, alcalde.

—**Date prisa**, estoy **ocupado.**

Josh no **se fue por las ramas** y le contó la historia de Ferrg y la historia del dragón malvado.

—Necesito hierro rojo para fabricar el arma y ayudar a Ferrg.

—¿Quieres hierro rojo? ¡El hierro rojo es muy **caro**! ¡No me fío de ese dragón!

—¡Él es bueno!

—¡**No me lo creo**!

Josh **no tuvo más remedio**. En su **espalda,** tenía un arco. Era el mismo arco que había usado para llamar a Ferrg la primera vez. Sacó el arco y disparó una flecha por la ventana.

Ferrg apareció en el **tejado** del ayuntamiento y **asomó** la cabeza por la ventana. Los cristales se rompieron.

—Hierro rojo, por favor.

Josh se rió y le dijo al alcalde:

—**Dáselo**.

El alcalde trajo un **cargamento** pequeño de hierro rojo y se lo dio al dragón.

—¡Pagarás por esto, Josh!

El dragón se lo llevó volando al herrero Martin, y él fabricó el arma. Josh escapó del ayuntamiento y del pueblo. Los guardias lo **perseguían**.

Ferrg cogió el arma que Martin fabricó. Era una **daga** roja. Martin le dijo:

—Dragón, **ten cuidado** con esta arma.

—Gracias, herrero.

El dragón malvado apareció en el **cielo**. Era **el doble de grande** que Ferrg.

—Vete, dragón —le dijo Martin.

Ferrg voló hacia el dragón malvado. **Al principio**, el dragón malvado no sabía si Ferrg era amigo o **enemigo**, pero cuando vio la **daga** roja, intentó **robársela**.

Ferrg **luchó** contra el dragón malvado. Pelearon durante muchos minutos y al final Ferrg **clavó** la **daga** roja en el **cuerpo** del dragón malvado. El dragón malvado **cayó** en un **bosque** cerca del pueblo.

Desgraciadamente, Ferrg murió en la pelea. Durante muchos años no se volvieron a ver dragones cerca. La **daga** roja desapareció del **cuerpo** del dragón malvado. Josh la cogió y dijo:

—Por fin tengo la **daga** roja en mis manos.

El plan de Josh siempre había sido ese. Josh era un antiguo guardia imperial. La capital del imperio, muy lejos de aquel pueblo, estaba buscando hierro rojo desde hacía mucho tiempo, pero no sabían dónde podría haber. Con el hierro rojo, se podían fabricar armas **tan poderosas como** la **daga** roja.

Josh escapó del pueblo y entró en la capital del imperio. Allí, entregó la **daga** roja al **emperador** y él le dijo:
—Me has servido muy bien, Josh.
—Gracias, **emperador**.
—Dime, ¿los dos dragones están **muertos**?
—Sí, lo están.
—¿Alguien **sospecha** de ti?
—No lo creo.

El **emperador** entonces, dijo:
—Has cumplido tu misión, Josh. Toma el **oro** que te prometí. **Puedes irte**.

Josh sintío una **punzada** de **arrepentimiento** por Ferrg. En realidad, se había **encariñado** con él. Una **lágrima** cayó de sus ojos cuando salió de la capital para no volver nunca.

Anexo del capítulo 3

Resumen

Josh habla con el alcalde para coger hierro rojo y fabricar el arma. El alcalde no quiere darle el hierro rojo y entonces Josh llama a Ferrg. Ferrg coge el hierro rojo y Martin, el herrero, fabrica una daga roja. Ferrg lucha contra el dragón malvado y los dos mueren. Josh entrega la daga roja al emperador. Su único plan siempre había sido coger hierro rojo para el emperador.

Vocabulario

- **la daga**= dagger
- **el ayuntamiento**= town hall
- **los adornos**= ornaments
- **los súbditos**= subjects
- **estaba a punto**= was about to...
- **cundir el pánico**= spread panic
- **asunto muy importante**= very important matter
- **los aposentos**= chambers
- **el muslo de pollo**= chicken thigh
- **date prisa**= be quick
- **ocupado**= busy
- **irse por las ramas**= beat around the bush
- **caro**= expensive
- **no me lo creo**= I don't believe that
- **no tuvo más remedio**= had no other option
- **la espalda**= back
- **el tejado**= roof
- **asomó**= appeared

- **dáselo**= give it (to him)
- **el cargamento**= cargo
- **perseguían**= chased
- **ten cuidado**= be careful
- **el cielo**= sky
- **doble de grande**= twice as big (as)
- **al principio**= at first
- **el enemigo**= enemy
- **robársela**= steal it
- **luchó**= fought
- **clavó**= stabbed
- **el cuerpo**= body
- **desgraciadamente**= unfortunately
- **tan poderosas como**= as powerful as
- **el emperador**= the emperor
- **muertos**= dead
- **sospechar**= suspect
- **el oro**= gold
- **puedes irte**= you can go
- **la punzada**= stabbing pain
- **el arrepentimiento**= regret
- **encariñado**= grow fond of
- **la lágrima**= tear

Preguntas de elección múltiple
Seleccione una única respuesta por cada pregunta

11. Para hablar con el alcalde, Josh fue a la/al:
    a. Ayuntamiento
    b. Bosque
    c. Capital
    d. Herrería

12. Antes de entrar en el ayuntamiento, habló con:
    a. Martin
    b. Ferrg
    c. El dragón malvado
    d. El camarero

13. El alcalde:
    a. Ayudó a Josh
    b. No ayudó a Josh
    c. Ayudó a Josh con una condición
    d. Ninguna de las anteriores

14. El herrero fabricó:
    a. Un arco rojo
    b. Una daga roja
    c. Una espada roja
    d. Una flecha roja

15. El plan de Josh siempre había sido:
    a. Matar a Ferrg
    b. Matar a los dragones
    c. Robar hierro rojo para el emperador
    d. Ninguna de las anteriores

11. a
12. d
13. b
14. b
15. c

7. Tierras Desconocidas

Capítulo 1 – Nuevas tierras

Hace cientos y cientos de años, existió una civilización, la de los vikingos. Los vikingos vivían en el norte de Europa y sus tierras eran muy frías y **poco fértiles**. **Se dice** que es por eso por lo que los vikingos, **en parte**, buscaron nuevas tierras.

En un pueblo llamado Asglor, vivió un muchacho de no más de veinte años, que se llamaba Thoric. Thoric era muy fuerte y **valiente** para su edad, un chico muy maduro. Era muy alto, tenía el pelo castaño y largo, una nariz prominente, una boca ancha y fuertes brazos y piernas.

Thoric volvió de **cazar** como cada día y habló con el explorador Niels. Niels solía pasar mucho tiempo fuera del pueblo de Asglor. Exploraba nuevas tierras para poder **cultivar**.

El pueblo de Asglor estaba muy tranquilo. **Aún** era muy pronto por la mañana. El sol tenía una **luz débil**. Niels vio a Thoric volviendo de cazar. Lo saludó con la mano y le hizo un gesto.

—¡Thoric!
—Hola, Niels. ¿Sigues en el pueblo?
—Sí, muchacho. Me quedo dos días en el pueblo.

—¿Y dónde vas luego?

—No lo sé, el jefe Eskol dice que es un lugar muy **lejano**.

Thoric respetaba a Eskol, su **jefe**. Era un hombre muy grande, con el pelo más largo que él había visto nunca y grandes **músculos**. Su voz era muy grave. Lo respetaba, pero Eskol era un hombre muy **estricto** y a veces era algo cruel. Pero Thoric **estaba seguro** de que **en el fondo** era un hombre bueno y sencillo.

—¿El jefe Eskol tiene nuevos planes? —preguntó Thoric.

—Sí. No ha dicho cuáles son. Solo ha dicho que **esta vez** hay que explorar más lejos.

El jefe Eskol **mandaba patrullas** a explorar fuera del pueblo. El pueblo era un pequeño lugar **al lado de las montañas** y de un pequeño río que llevaba al mar. Pero la comida **escaseaba** en invierno, cuando los animales emigraban. El jefe Eskol quería encontrar nuevas tierras para **cultivar**.

—No quiero tener más problemas de **escasez** de comida —dijo Thoric a Niels.

—Yo tampoco. Mis hijos necesitan comer mejor. No puedo darles **carne** siempre.

Thoric nunca había conocido a los hijos de Niels, pero sabía quiénes eran. A veces, en alguna **expedición**, estaban con el grupo.

—Niels, **voy a ver si mi familia** puede vender la carne de los animales que he cazado hoy.

184

—Está bien, muchacho.

Thoric volvió a su casa y habló con sus padres y su hermana. Su familia era **granjera**. **Se ganaban la vida cultivando** las pocas tierras que podían y vendiendo la carne de los animales que Thoric cazaba.

Aquella noche, no durmió bien. Pensó mucho. ¿Qué quería el jefe Eskol? ¿Por qué tanto misterio? ¿Cuál era la nueva **expedición** a esas misteriosas tierras?

Dos días después, Thoric volvía de cazar. **Cada día había menos animales** en las montañas. El invierno estaba cerca y ya era más difícil encontrar **presas grandes**. Cuando volvía de cazar, volvió a encontrarse con Niels. Esta vez, parecía nervioso.

—¡Thoric! ¡Ven, rápido!
—¿Qué ocurre, Niels? ¿Por qué tanta prisa?
—El jefe Eskol ha llamado a todo el pueblo.
—¿Va a decir sus planes?
—¡Seguramente sí! ¡Vamos! ¡**Deja eso en casa** y vayamos!

Thoric volvió a su casa a dejar los animales que había cazado. Su familia no estaba. Habían ido antes que él a la **charla** del jefe Eskol. Niels esperó fuera de su casa, esperando encontrar a su familia.

—Mi familia no está aquí —le dijo Thoric—. Está en el Gran Salón.
El Gran Salón era la casa del jefe Eskol. Allí vivía con su mujer y sus cuatro hijos. Varios trabajadores **cuidaban** de la familia y de los **asuntos del pueblo**.

185

El Gran Salón era un edificio de madera muy grande, con adornos y estatuas de los **dioses** a los que los vikingos **rezaban**. Dentro del Gran Salón, también se hacían **charlas**. Cuando había algún asunto que comunicar al pueblo, el jefe Eskol reunía a todos. **Y así lo hizo esta vez**.

Thoric y Niels entraron en el Gran Salón. Había mucha gente y hacía mucho calor. No parecía que fuese invierno. Toda la gente del pueblo estaba reunida allí, esperando. El jefe Eskol no estaba, pero sí su mujer, que estaba sentada en una silla. Sus cuatro hijos, tres niños y una niña, estaban en una **esquina** del salón, jugando.

Cuando el jefe Eskol apareció, todo el mundo calló. Era un hombre que **imponía** mucho, pero amaba a su pueblo, **a pesar de que** era muy estricto.

Comenzó a hablar:
—Querido pueblo de Asglor. Durante muchos inviernos, hemos pasado hambre. Nuestra comida no es suficiente en invierno. Por eso los exploradores y yo **hemos tomado una decisión**.

La gente empezó a murmurar.
—**Vamos a navegar** hacia el oeste. Ya no hay más tierras prósperas por aquí cerca pero sí más allá del **mar**.

Niels dijo:
—Pero jefe, ¿sabemos si hay tierra al oeste?
—Lo sabemos.
—¿Cómo? Ninguno de nosotros la ha visto.

El jefe Eskol miró a su pueblo, que lo miraba con preocupación. Finalmente dijo:

—Un hombre, un vikingo fue quien me lo dijo. Viajó hasta el oeste y encontró tierra. Al regresar al pueblo de Asgor murió, pero antes de **morir** me contó la historia.

La gente siguió mirando a Eskol con **preocupación**.

—Querido pueblo de Asglor, sé que no es mucho, pero tenemos que **arriesgarnos**. Viajamos **dentro de un mes.**

Anexo del capítulo 1

Resumen

Thoric es un cazador vikingo. Vive en un pueblo llamado Asglor, un pueblo al lado de las montañas y de un río que lleva al mar. El pueblo de Asglor lo gobierna el jefe Eskol y Niels es su explorador jefe. Niels conoce a Thoric desde hace mucho tiempo. En una charla, el jefe Eskol dice a su pueblo que hay que navegar hacia el oeste y encontrar nuevas tierras.

Vocabulario

- **poco fértiles**= not very fertile
- **se dice**= it is said
- **en parte**= in part, partly
- **valiente**= brave
- **cazar**= hunt
- **cultivar**= cultívate
- **aún**= still
- **la luz débil**= weak light
- **lejano**= distant, far
- **jefe**= boss
- **los músculos**= muscles
- **estricto**= strict
- **estaba seguro**= (he) was sure
- **en el fondo**= deep down
- **esta vez**= this time
- **mandar patrullas**= send patrols
- **al lado de las montañas**= next to the mountains
- **escasear**= be in short supply
- **la escasez**= shortage

- **la carne**= meat
- **la expedición**= expedition
- **voy a ver si mi familia...**= I'm going to see if my family...
- **granjera**= farmer
- **se ganaban la vida**= (they) made a living
- **cultivando**= farming
- **cada vez había menos animales**= each time there were fewer animals
- **las presas grandes**= big preys
- **deja eso en casa**= leave that at home
- **la charla**= talk
- **cuidaban**= looked after
- **los asuntos del pueblo**= village matters
- **los dioses**= gods
- **rezaban** = prayed
- **y así lo hizo esta vez**= and so he did this time
- **esquina**= corner
- **imponía**= command (respect)
- **a pesar de que**= despite the...
- **hemos tomado una decisión**= we've come to a decision
- **vamos a navegar**= we'll going to sail
- **el mar**= sea
- **arriesgarnos**= take risks (we)
  dentro de un mes= within one month

Preguntas de elección múltiple
Seleccione una única respuesta por cada pregunta

1. Thoric es:
    a. Un explorador
    b. Un cazador
    c. El jefe
    d. Un granjero
2. Niels es:
    a. Un explorador
    b. Un cazador
    c. El jefe
    d. Un granjero
3. La aldea de Asglor está:
    a. Al lado de un desierto
    b. Al lado de un mar
    c. Al lado de las montañas
    d. En medio del mar
4. Eskol es:
    a. El explorador jefe
    b. Un sacerdote
    c. Un granjero
    d. El jefe de la aldea
5. Eskol quiere:
    a. Viajar hacia el este
    b. Viajar hacia el norte
    c. Viajar hacia el sur
    d. Viajar hacia el oeste

Soluciones capítulo 1

1. b
2. a
3. c
4. d
5. d

Capítulo 2 – El mar

Transcurrió un mes. Fue un mes que **se hizo muy largo** porque la gente de Asglor sabía que el invierno estaba cerca. Querían comer buena comida y no tener escasez de **alimentos**. Los barcos estaban casi **terminados**.

Niels supervisaba la construcción de los barcos en un bosque cercano al pueblo. Era un bosque que estaba más cerca del mar. El jefe Eskol visitaba **de vez en cuando** el lugar para ver el progreso.

–Dime, Niels –dijo Eskol–, ¿cuándo podremos **zarpar** con los barcos? Ya veo que algunos están ya en el río, pero necesitamos **zarpar** pronto.
–No lo sé, jefe, puede que una semana, quizás menos.
–¿Solo una semana? ¡Es excelente!
–Sí, la **madera** es buena y los constructores son muy **hábiles**.

El jefe Eskol dio una segunda charla en el Gran Salón para decidir quiénes irían en los barcos. En los barcos solo había sitio para 75 personas. Uno por uno, hubo voluntarios que **levantaron la mano**. La mayoría eran **guerreros**. Los **guerreros** estaban muy bien entrenados.

Pero Thoric quería ir. Era muy bueno cazando y convenció al jefe Eskol para ir con ellos:
–Allí no sabemos que comida hay. Necesitamos cazadores y yo puedo **cazar** para vosotros cuando estemos en esas tierras lejanas –le dijo.
–Está bien, Thoric. Vienes con nosotros.

Thoric estaba **emocionado desde entonces**. Tenía muchas ganas de **zarpar** con la expedición hacia tierras lejanas.

Cuando llegó el día, Niels, Thoric, el jefe Eskol y el resto de vikingos se subieron a los barcos. Rezaron a los dioses antes de subir y se despidieron de sus familias y del pueblo. La mujer de Eskol gobernaba el pueblo cuando él estaba fuera.

Días después, viajaron hacia el oeste. Los tres barcos eran excelentes y todo el mundo parecía contento. Los días transcurrían **sin novedad**.

Dos semanas después, los barcos siguieron avanzando, pero no se veía tierra. Solo se veía agua. Ni siquiera veían **pájaros**. Algunos de los vikingos comenzaron a hacer preguntas al jefe Eskol.

−Jefe Eskol, ¿estás seguro de que hay tierra en el oeste?
−Estoy totalmente seguro.
−¿Qué pasa si no encontramos tierra?

El jefe Eskol gritó con furia:
−¡**Vamos a encontrar tierra**! ¿Queda claro?
−Pero... Pero...
−**Fuera de mi vista**.

Era un buen jefe, pero su carácter era muy fuerte. Él era quien mandaba y no le gustaba que le hiciesen demasiadas preguntas. Habló al resto del barco:
− ¡Hay tierra en el oeste! ¡Lo sé!

El resto de los vikingos no preguntaron nada más y siguieron **remando**.

Aquel mismo día y casi sin previo aviso, comenzó a llover y el agua bajo los barcos comenzó a **agitarse**. Los barcos apenas podían navegar. El agua estaba muy **salvaje**. Los capitanes de los tres barcos intentaron **mantener los tres barcos unidos**. Y lo consiguieron. Pero la lluvia y la tormenta **les cambió de rumbo**.

Días después, mientras todos dormían, Thoric vio algo en el **cielo**. Al principio, **pensaba que estaba soñando**, pero luego abrió más los ojos.

Buscó a Niels **entre la oscuridad** y lo despertó:
—¡Niels, despierta! ¡Tenemos que **avisar** al jefe Eskol!
—¿Qué ocurre? —dijo el explorador sin abrir los ojos.
—¡Hay **pájaros** en el cielo!
—¿Y qué?
—¡Hay tierra cerca!

Niels abrió los ojos y vio que Thoric **señalaba** el cielo. Él también vio los **pájaros**.
—¡Por los dioses! ¡Es verdad!

Niels se levantó y fue a hablar con el jefe. Thoric fue con él.
—¡Jefe Eskol, despierta!

El jefe Eskol despertó con el mismo **rostro** que tenía todo el día.
—¿Niels? ¿Thoric? ¿Qué ocurre?
—¡Hay **pájaros** en el cielo! —dijo Thoric—. ¡Hay tierra!

El jefe Eskol **despertó rápidamente** y gritó a los capitanes de los tres barcos:

—¡Hay que remar! ¡Vamos! ¡Despertad todos! ¡Hay tierra cerca!

Remaron **con mucha fuerza** y vieron tierra por fin.

Thoric y Niels sonrieron. El jefe Eskol no sonrió. Él nunca sonreía.

El jefe Eskol mandó a los barcos parar en una **playa** cercana. La **playa** era muy grande y había muchos árboles y **colinas** cerca. Era un lugar precioso.

Los vikingos bajaron de sus barcos y pisaron la playa.

Thoric habló con Niels:

—Niels, ¿qué es este lugar?

—No lo sé, Thoric, no se parece a ningún otro lugar **que yo recuerde**.

—Necesitamos explorar más allá de la playa.

—Estoy de acuerdo.

Thoric y Niels hablaron con el jefe Eskol y **organizaron pequeños grupos**.

El jefe Eskol dijo:

—Necesitamos comida. **Apenas nos queda nada.** Tenéis que **cazar** varios animales.

Thoric y Niels cazaron juntos, pero los animales que había no eran animales que hubieran cazado antes. Cuando la comieron, su carne **sabía diferente**. Incluso algunos de los árboles parecían extraños.

El jefe Eskol habló a los vikingos por la noche en la playa:

—Ya tenemos comida, pero ahora necesitamos explorar este lugar. **Tenemos que saber** si este lugar es **apropiado para cultivar**. Si se puede cultivar, vendrán más vikingos.

Uno de los vikingos dijo:

—¿Cómo sabemos dónde estamos? La tormenta nos llevó **lejos de nuestro rumbo**.

El jefe Eskol calló durante varios minutos. Era una de las pocas veces que no contestaba nada. Al final, no dijo nada. Él también parecía **confundido** y **perdido**. Por fin, dijo:

—Tenemos que explorar este lugar. Mañana al **amanecer empezaremos**.

Anexo del capítulo 2

Resumen

Los vikingos construyen los barcos para el viaje hacia el oeste. Los barcos son muy buenos. Thoric y Niels van en el viaje, junto con el jefe Eskol. En medio del viaje, hay una tormenta y el rumbo cambia. Ven tierra por fin y salen de los barcos. Hay animales y árboles desconocidos y exraños.

Vocabulario

- **las tierras** = lands
- **desconocidas** = unknown
- **transcurrió** = passed (time)
- **se hizo muy largo** = became very long
- **los alimentos** = the food
- **terminados** = finished
- **de vez en cuando** = from time to time
- **zarpar** = sail
- **la madera** = wood
- **hábiles** = skilful
- **levantaron la mano** = raised their hands
- **los guerreros** = warriors
- **cazar** = to hunt
- **emocionado** = excited
- **desde entonces** = since then
- **sin novedad** = with no changes
- **los pájaros** = birds
- **vamos a encontrar tierra** = we're going to find land
- **fuera de mi vista** = move out of my sight
- **remando** = rowing, paddling

- **agitarse**= shake
- **salvaje**= wild
- **mantener los tres barcos unidos**= keep the three ships together
- **les cambió de rumbo**= it changed their course
- **el cielo**= sky
- **pensaba que estaba soñando**= he thought he was dreaming
- **entre la oscuridad**= through the darkness
- **avisar** = let him know
- **señalaba**= pointed
- **el rostro**= face
- **despertó rápidamente**= woke up quickly
- **con mucha fuerza**= with lots of strength
- **la playa**= beach
- **las colinas**= hills
- **que yo recuerde**= that I could recall
- **organizaron pequeños grupos**= organized small groups
- **apenas nos queda nada**= there's barely enough
- **sabía diferente**= tasted different
- **tenemos que saber**= we have to know
- **apropiado para cultivar**= appropiate to cultivate
- **lejos de nuestro rumbo**= far from our course
- **confundido**= confused
- **perdido**= lost
- **amanecer** = dawn
- **empezaremos**= we'll begin

Preguntas de elección múltiple

Seleccione una única respuesta por cada pregunta

6. En la expedición hay:
    a. 50 vikingos
    b. 60 vikingos
    c. 75 vikingos
    d. 85 vikingos

7. En la expedición hay:
    a. 2 barcos
    b. 3 barcos
    c. 4 barcos
    d. 5 barcos

8. Cuando el jefe Eskol abandona el pueblo, lo gobierna:
    a. Niels
    b. Thoric
    c. Su mujer
    d. Otro explorador

9. En medio del viaje:
    a. Hay piratas
    b. Hay una revolución
    c. Hay más vikingos desconocidos
    d. Hay una tormenta

10. La playa es extraña porque:
    a. Hay animales y árboles desconocidos
    b. Hay otros vikingos desconocidos
    c. No hay comida
    d. Hace mucho calor

Soluciones capítulo 2

6. c
7. b
8. c
9. d
10. a

Capítulo 3 – La decisión

Todos los vikingos despertaron al amanecer y **desayunaron**. Tenían algunas **provisiones** del viaje y carne de los animales desconocidos de aquel lugar. Thoric despertó y fue a hablar con el jefe Eskol.

–Hola, jefe.
–Hola, Thoric. ¿Quieres algo?
–Quiero hablar contigo.
–Dime.

Thoric quería **aclarar** varias cosas.

–Al principio del viaje, los hombres **dudaban**. Preguntaban mucho porque no sabían si había tierra al oeste. Pero al final fuiste un jefe responsable y llegamos a esta tierra.
–Sí. **Ve al grano**, Thoric.
–El hombre que te contó todo... ¿Quién era?
–¿El hombre que me dijo que existían estas tierras?
–Sí, exacto.

El jefe Eskol **miró alrededor**.
–¿Qué ocurre? –preguntó Thoric.
–¿Dónde está Niels?
–Está durmiendo, creo.
–El hombre que me contó eso, era su padre.
–¿Su padre?

Thoric se sorprendió mucho. ¿El padre de Niels era aquel hombre **misterioso**?

—Pensaba que el padre de Niels murió en una expedición hacia el este.

—Fue una misión secreta. **Nadie supo nada**. Yo le envié hacia el oeste.

—¿Le enviaste aquí? ¿Le enviaste a él sólo?

—Le envié al oeste **junto con** otros tres hombres. Todos ellos murieron. El padre de Niels murió al llegar al pueblo.

—¿Cómo sabías que encontraría tierra hacia el oeste?

—Fue un **presentimiento** mío. Si se entera, **nunca me lo perdonará**.

Thoric miró a Niels, que se estaba despertando.

El jefe Eskol cogió a Thoric del brazo.

—No debes contarle esto a Niels. Niels es el mejor explorador que tenemos. Siguió las buenas **enseñanzas** de su padre. **No podemos permitir** que ahora **se distraiga**.

Thoric asintió.

—Entendido.

—Ahora, hay que salir fuera de esta playa.

Poco después, todos los vikingos cogieron sus **hachas** y **escudos** y atravesaron la **selva** cercana a la playa. El lugar era enorme. Niels **iba a la cabeza** del grupo, explorando y avisando a todos de lo que encontraba.

Ya era **mediodía** y el sol calentaba mucho. **Hacía mucho calor**. Varios de los hombres **se quitaron las armaduras**.

De repente, **detrás de** una colina, se encontraron un pueblo. Niels hizo un gesto con su mano y todo el grupo **se detuvo** en la colina. El pueblo era extraño. Las casas eran extrañas para ellos. Había hombres, mujeres y niños. Tenían muchos **adornos** en la piel, que era más oscura. Llevaban ropas extrañas y **hablaban una lengua muy rara**.

El jefe Eskol bajó la colina primero. El resto del grupo lo siguió.

Al principio, los **nativos** se asustaron mucho y algunos corrieron a sus casas, pero el jefe Eskol **los tranquilizó**.

—¡**No queremos haceros daño**! —dijo

El jefe del pueblo apareció delante de él y le ofreció algo para beber. El jefe Eskol bebió. Era agua.

Los vikingos hablaron con aquel pueblo durante varias horas y entendieron muchas cosas.

El jefe Eskol reunió a los vikingos y les dijo:

—Hombres, tenemos que tomar una decisión. No sabemos dónde estamos. Y tengo que confesar algo. No sé cómo volver a nuestro pueblo.

Los vikingos callaron durante varios minutos.

El jefe Eskol siguió hablando:

—He pensado en quedarnos aquí a vivir.

—¿Cómo? —dijo Thoric.

—¿**En serio**? —dijo Niels.

El jefe Eskol miró a los **nativos** y dijo:

—Esta buena gente conoce la tierra y la **naturaleza**. Nos han ofrecido quedarnos aquí. **No tenemos elección**. No podemos volver a casa.

—¿Vamos a abandonar a nuestras familias? —dijo un vikingo.

—¡Mira nuestros barcos! ¡La tormenta los ha **destrozado**!

El vikingo que había hablado sabía que su jefe tenía razón. No había elección. Tenían que quedarse a vivir allí. El jefe Eskol siguió hablando.

—Por supuesto, **quien quiera irse**, puede irse. A partir de ahora, no soy vuestro jefe, soy sólo uno más.

En los días siguientes, se formaron dos grupos.

Un grupo decidió quedarse en las nuevas tierras, pero otro grupo quiso volver a casa, incluso con los barcos **destrozados**.

El segundo grupo abandonó las tierras para intentar volver a casa mientras el primer grupo los miraba zarpar.

El jefe Eskol habló con Thoric y Niels junto a una **hoguera**.

—Lo siento mucho.

—No importa, jefe. Tú querías algo bueno para nuestro pueblo. Las cosas no han salido como esperábamos. Pero este lugar es un buen lugar para vivir —le respondió Thoric.

—**Yo seguiré explorando**, jefe. No te preocupes. **Seremos felices**.

Los vikingos estaban en América y aquel pueblo eran nativos americanos, pero ellos nunca lo supieron.

Semanas después, un barco vikingo apareció en el horizonte del pueblo de Asglor. La mujer del jefe Eskol miró el barco, esperando ver a su marido.

Anexo del capítulo 3

Resumen

El jefe Eskol le dice a Thoric que el padre de Niels era el hombre que le dijo que existían tierras en el oeste. El grupo conoce a nativos de esas tierras y el jefe cuenta a sus hombres que el viaje de vuelta al pueblo es peligroso. Un grupo de vikingos se queda a vivir allí y otro grupo intenta volver a casa con los barcos rotos. Aquellas tierras eran América.

Vocabulario

- **desayunaron**= had breakfast
- **provisiones**= supplies
- **aclarar**= clarify
- **dudaban**= doubt
- **ve al grano**= get to the point
- **miró alrededor**= he looked around
- **misterioso**= mysterious, enigmatic
- **nadie supo nada**= nobody knew anything
- **junto con**= together with
- **presentimiento**= premonition
- **nunca me lo perdonará**= (he) will never forgive me
- **enseñanzas**= teachings
- **desayunaron**= had breakfast
- **provisiones**= supplies
- **aclarar**= clarify
- **dudaban**= doubt
- **ve al grano**= get to the point
- **miró alrededor**= he looked around

- **misterioso**= mysterious, enigmatic
- **nadie supo nada**= nobody knew anything
- **junto con**= together with
- **presentimiento**= premonition
- **nunca me lo perdonará**= (he) will never forgive me
- **enseñanzas**= teachings
- **no podemos permitir**= we can't allow
- **distraiga**= distract
- **hachas**= axes
- **escudos**= shields
- **selva**= rainforest, jungle
- **iba a la cabeza**= was the frontrunner
- **mediodía**= midday
- **hacía mucho calor**= it was very hot
- **se quitaron las armaduras**= they took off their armours
- **detrás de**= behind
- **se detuvo**= stopped
- **hablaban una lengua muy rara**= they spoke a very strange language
- **los tranquilizó**= he reassured them
- **no queremos haceros daño**= we don't want to hurt you
- **¿En serio?**= Seriously?
- **naturaleza**= nature
- **no tenemos elección**= we have no choice
- **destrozado**= destroyed
- **quien quiera irse**= whoever wants to leave
- **en los días siguientes**= in the following days
- **hoguera**= campfire
- **yo seguiré explorando**= i'll keep exploring
- **seremos felices**= we'll be happy
- **horizonte**= horizon

206

Preguntas de elección múltiple

Seleccione una única respuesta por cada pregunta

11. El hombre que le contó al jefe Eskol sobre las tierras del oeste era:
    a. El padre de Eskol
    b. El padre de Thoric
    c. El padre de Niels
    d. Ninguna de las anteriores
12. Cuando exploran las tierras se encuentran con:
    a. Más animales
    b. Un grupo de vikingos
    c. Un grupo de nativos
    d. Ninguna de las anteriores
13. Se forman dos grupos de vikingos porque:
    a. Tienen hambre
    b. Quieren pelear
    c. Quieren seguir explorando
    d. Ninguna de las anteriores
14. El jefe Eskol decide:
    a. Volver al pueblo
    b. Seguir explorando
    c. Quedarse
    d. Pelear
15. En el pueblo de Asglor, aparece:
    a. Un barco
    b. Dos barcos
    c. Tres barcos
    d. Ninguna de las anteriores

Soluciones capítulo 3

11. c
12. c
13. d
14. c
15. a

8. Laura, La Mujer Invisible

Capítulo 1 – El suceso

Laura es una mujer de mediana edad. Ella trabaja de **administrativa** en una **oficina** de Madrid, la capital de España. Trabaja mucho cada día y sale **muy tarde** de trabajar. Su **sueldo** no es malo, pero ella quiere un **sueldo** mejor. Los fines de semana sale con su grupo de amigas y amigos a **pasar las tardes** y las noches en su bar preferido.

Madrid es una ciudad con mucha cultura, mucha variedad y gente de todos los lugares del mundo. Allí, cuando Laura **pasea se da cuenta** de toda la variedad de la ciudad. Pero a veces, busca tranquilidad y por eso viaja algunos fines de semana a **las afueras.**

Un fin de semana **como otro cualquiera**, Laura **conduce** el coche con dos personas más: un amigo y una amiga. Ellos se llaman Nacho y Elvira. Son amigos de Laura **desde la infancia**.

Laura para el coche en las **afueras** de Madrid. Allí, hay naturaleza y varios parques para hacer una buena barbacoa.
—¿Dónde estamos, Laura? –dijo Nacho.
—Estamos en las afueras de Madrid. Aquí se puede hacer barbacoa.
—¿Tenemos suficiente comida para la barbacoa?

—Sí, está en el coche. Vamos a sacar **las bolsas**.

Laura, Nacho y Elvira sacan **las bolsas** del coche para poder **cocinar** la **carne** en la barbacoa. Elvira intenta **calentar las brasas** para poder tener **fuego** y así hacer la comida.

Laura recuerda que **tiene que hacer una llamada** por **móvil**, así que les dice a sus amigos:
—Nacho, Elvira. Vengo ahora. Necesito hacer una llamada **debido al trabajo**.
—Tú siempre trabajando, incluso los fines de semana – dijo Nacho.
—Tiene razón Nacho —dijo Elvira—, **deberías descansar más**. Trabajas mucho. Los fines de semana hay que desconectar.

Laura volvió donde estaban sus amigos y recordó una cosa más que tenía que coger del coche.
—Tenéis razón —respondió Laura—, pero tengo que hacer esta llamada.

Laura **se distanció** del grupo y fue hacia unos árboles que había cerca. Los árboles eran muy altos y ya casi era de noche. No se veía casi nada. Llamó a su jefe y le comentó varias cosas del trabajo. Cosas que ya habían hecho esa semana y cosas **para la siguiente semana**.

Ella **se dio cuenta** de algo. En los árboles, **en medio**, había **una extraña luz de algún tipo**. Laura **colgó la llamada** y guardó el móvil en su bolsillo.

Se acercó a la luz. La luz **provenía** de un pequeño objeto, muy extraño, que estaba en los árboles. Laura tocó el objeto y la luz **se apagó**. No sabía lo que era así que lo dejó **donde estaba**.

Laura volvió donde estaban sus amigos y recordó una cosa más que tenía que coger del coche. Cuando volvió, se sentó al lado de sus amigos Nacho y Elvira. Ellos estaban hablando sobre ella.

—Pues sí —decía Nacho—, Laura trabaja demasiado. **Debería apagar el móvil** los fines de semana.

—Estoy de acuerdo —dijo Elvira—, no es bueno trabajar tanto. El **cuerpo** y la **mente** necesitan descansar.

Laura se levantó para ayudar con la barbacoa, que ya echaba **humo**. Pero ocurrió algo raro. Nacho y Elvira no la miraban.

«¿Por qué no me miran?» pensó Laura.

Laura **hizo señas** pero ninguno hizo nada. No se dieron cuenta de que estaba allí. Siguieron hablando de ella como si no estuviera ahí. ¡No podían verla!

«Qué cosa más rara. ¡No pueden verme! ¿Soy invisible? ¡Vaya! ¡Soy invisible! ¡Jajaja! ¿Pero por qué?»

Entonces pensó en el objeto extraño que había encontrado entre los árboles. Pensó en la luz que tenía ese objeto y en cómo se había apagado cuando ella lo tocó.

«¿Es por ese objeto? ¿Ahora soy invisible? ¡**Tengo que aprovechar esto, es genial**! ¡Voy a ver de qué hablan Nacho y Elvira!

La conversación entre Nacho y Elvira siguió. Nacho estaba sacando la comida de la barbacoa y poniéndola en **platos**. Elvira lo ayudaba y ponía las **bebidas** en la mesa.

—Pues sí, Nacho —dijo ella—, Laura trabaja mucho pero es normal. **Ha estudiado durante muchos años** y muy duro. **Se merece** trabajar bien y tener un buen **sueldo**.

—No le pagan lo suficiente —dijo él.

—Es cierto, pero seguro que consigue **cobrar** más en un futuro. **Ella vale mucho**.

—Eso es verdad. Estoy **orgulloso** de ser su amigo pero necesitamos que desconecte más los fines de semana. Ya ves, hacemos barbacoas pero ella sigue hablando con su jefe.

—Su jefe es muy estricto. Siempre quiere que ella trabaje mucho.

—Ella trabaja mucho y muy bien. Su jefe debería saber que ella es su mejor empleada.

Laura entonces entendió cómo sus amigos la respetaban mucho. No le gustaba **oír a escondidas** lo que decían de ella, pero **no podía resistirlo**. Todo lo que decían de ella era muy bueno y **se sonrojó.**

—Por cierto —dijo Nacho—, ¿dónde está?

—No lo sé, hace tiempo que se ha ido a hablar por el móvil. Lleva mucho tiempo hablando.

—Vamos a buscarla.

Apagaron el fuego de la barbacoa y fueron hacia los árboles. Allí encontraron el objeto extraño.

—Mira Elvira, ¿qué es esto?

—No lo sé. **Tíralo**. No queremos más **trastos**.

Y el objeto extraño volvió a quedarse entre los árboles.

Cuando Nacho y Elvira volvieron de los árboles, el coche de Laura había desaparecido. Laura lo había cogido y volvió a Madrid. Allí, **aparcó** cerca de la Gran Vía y anduvo por la Plaza de España. Nadie la veía.

«¡Nadie me ve! ¡Es increíble!»

Y acto seguido, **se le ocurrieron** muchas ideas con sus nuevos poderes de invisibilidad.

Anexo del capítulo 1

Resumen

Laura era una mujer de mediana edad, trabajaba de administrativa. Trabajaba mucho, pero los fines de semana salía con sus mejores amigos, entre ellos Elvira y Nacho. Un fin de semana fueron a hacer una barbacoa. Entre unos árboles, encontró un objeto extraño. Ese objeto extraño hizo que Laura fuese invisible. Cogió el coche y volvió al centro de Madrid para usar sus nuevos poderes.

Vocabulario

- **el suceso**= the event
- **la administrativa**= administrative assistant
- **la oficina**= office
- **el sueldo**= salary
- **pasar las tardes**= spend afternoons
- **pasea**= has a walk
- **se da cuenta**= realises
- **las afueras**= the outskirts
- **como otro cualquiera**= like any other
- **conduce**= drives
- **desde la infancia**= from childhood
- **las bolsas**= the bags
- **cocinar**= to cook
- **la carne**= meat
- **calentar las brasas**= heat up the embers
- **el fuego**= fire
- **tiene que hacer una llamada**= (she) has to make a call
- **el móvil**= mobile phone

- **debido al trabajo**= due to work
- **deberías descansar más**= you should rest more
- **se distanció de**= distanced herself from
- **para la siguiente semana**= for the next week
- **en medio**= in the middle
- **una extraña luz de algún tipo**= a strange light of some kind
- **colgó la llamada**= hang up the call
- **provenía**= came from
- **apagó**= turned off
- **donde estaba**= where it was
- **debería apagar el móvil**= (she) should turn off the mobile phone
- **el cuerpo**= body
- **la mente**= mind
- **el humo**= smoke
- **hizo señas**= made gestures
- **tengo que aprovechar esto**= I have to take advantage of this
- **¡Es genial!**= It's awesome!
- **los platos**= plates
- **las bebidas**= drinks
- **ha estudiado durante muchos años**= she studied for many years
- **se merece**= she deserves
- **cobrar**= earn
- **ella vale mucho**= she is worth
- **orgulloso**= proud
- **oír a escondidas**= listen behind their backs
- **no podía resistirlo**= she couldn't resist it
- **se sonrojó**= (she) blushed
- **tíralo**= throw it away
- **los trastos**= junk
- **aparcó**= parked

Preguntas de elección múltiple
Seleccione una única respuesta por cada pregunta

1. Laura trabajaba de:
    a. Administrativa
    b. Directiva
    c. Economista
    d. No trabajaba
2. Ella era:
    a. Una mujer joven
    b. Una mujer de mediana edad
    c. Una mujer anciana
    d. No se sabe
3. Sus dos mejores amigos se llamaban:
    a. Nacho y Vanesa
    b. Alfredo y Vanesa
    c. Nacho y Elvira
    d. Nacho y Alfredo
4. Sus amigos pensaban que:
    a. Tenía que buscar trabajo
    b. Trabajaba poco
    c. Trabajaba mucho
    d. Ninguna de las anteriores
5. Los poderes del extraño objeto eran:
    a. Fuerza
    b. Capacidad de volar
    c. Invisibilidad
    d. Ninguna de las anteriores

Soluciones capítulo 1

1. a
2. b
3. c
4. c
5. c

Capítulo 2 – La mentira

Laura paseó por la Plaza de España. La Plaza de España era un parque que había en Madrid, al lado de la Gran Vía. Muchas veces, allí había pequeños **puestos** para **comprar y vender** objetos. Aquel día había puestos **de todo tipo**.

Laura se acercó a un puesto. La gente no la veía, pero sí podían **tocarla**. **Tenía que tener cuidado**. Se probó **ropa** y joyas, pero no se las llevó. A ella le gustaba ser invisible, pero no quería **robar** nada.

Sus amigos estarían **preocupados**, pero ella quería explorar un poco más. Le gustaba ser invisible y quería explorar más sitios y ver más cosas. **Tuvo una idea**: fue a la **oficina** donde trabajaba. **Recordó** que su jefe **tenía que trabajar** ese sábado porque había mucho trabajo.

Las **cámaras** no la **grabaron**. Entró por la puerta cuando un **oficinista** entraba y subió al **piso** donde estaba su jefe. El edificio tenía muchos pisos. En el sexto piso estaba su oficina, y allí estaba su jefe.

El jefe hablaba con varios **directivos** de la empresa:
—Nuestros **empleados** trabajan muy bien. La empresa tiene **beneficios**, pero no demasiados. Necesitamos **ampliar el negocio** para tener más dinero.

«¿La **empresa** va bien y yo cobro poco? ¡Qué injusticia!» —pensó ella.

—Tengo una empleada llamada Laura. Trabaja aquí **desde hace 5 años**. Ella es muy buena trabajadora. Siempre trabaja muchas horas y **nunca ha pedido** un aumento de sueldo. **Me da pena** no poder pagar más a Laura, pero el dinero que hemos ganado tenemos que gastarlo en reparar el **edificio**.

«¡Vaya! ¡Mi jefe **reconoce** que soy una buena empleada! Creo que he pensado **antes de tiempo**. Ahora ya sé que quiere pagarme más para que yo tenga un mejor sueldo...»

Laura tuvo curiosidad y fue al despacho de Antonio. Antonio era otro **directivo** de la empresa y quería saber qué archivos tenía en su oficina.

«No quiero robar ni **espiar**, pero siempre he querido saber lo que Antonio hace.»

Antonio también trabajaba para otra empresa. Era directivo de dos empresas, pero esas dos empresas tenían **poco negocio** y tenía que trabajar en ambas. Laura escuchó desde lejos a su jefe hablando mientras ella miraba los archivos:

—Antonio, dime. Te dije para hacer un proyecto con la idea que tuvimos aquí todos. Ese proyecto puede darnos mucho dinero. ¿Es **viable**?
—No, lo siento —respondió él—, el proyecto no puede hacerse. Cuesta demasiado dinero y es muy complicado. **No deberíamos**.

Mientras oía eso, Laura **encontró** el proyecto en los archivos de Antonio. Antonio había hecho cálculos con ese proyecto, era cierto. Pero Antonio mentía. El proyecto de Antonio era muy próspero.

«¿Por qué Antonio no quiere hacer el proyecto? ¡Es un proyecto muy bueno! ¿Por qué **miente**? No lo entiendo.»

Entonces Laura se dio cuenta de algo. La otra empresa de Antonio, donde él era directivo, **saldría perdiendo**. La otra empresa de Antonio no quería que la empresa de Laura hiciese el proyecto.

«¡Qué egoísta! Si no hacemos este proyecto, **perderé mi trabajo!**»

Los objetos que Laura cogía también **se volvían invisibles**, así que tuvo una idea. Cogió el proyecto de Antonio **y esperó a que se fueran**. Cuando ya era más de noche, todos salieron de la oficina, también su jefe.

Laura entró en el despacho del jefe y dejó la carpeta del proyecto encima de su mesa.

Como era de noche, Laura decidió salir de allí e ir a su casa. **Cogió un autobús** y entró en su casa. **No hizo ruido**. Entró con cuidado y allí estaba su marido.

Últimamente, su marido y ella discutían mucho. **Ya no eran tan felices como antes**. Pero cuando ella entró, su marido **lloraba**.

«¿Qué le pasa?» —se preguntó Laura.

—¿Está seguro, agente? —dijo su marido Andrés.

Andrés hablaba con la policía por teléfono. Laura llevaba muchas horas sin aparecer y Andrés estaba muy preocupado. En la casa también estaba la hermana de Andrés.

Andrés colgó el teléfono y lloró más.

Laura también se dio cuenta de eso. Andrés **la quería mucho** y estaba **sufriendo**. Quería arreglar las cosas. **Quería arreglar su relación**. Entonces pensó... ¿Cómo se podía volver visible otra vez?

Laura no quería asustar a nadie. Tampoco quería contar a nadie lo que había pasado ni lo que había hecho en la oficina, pero quería **dejar de ser invisible**. Ya no era tan divertido.

«¡Claro! ¡El objeto!» –dijo.

Laura tenía que volver a tocar el objeto otra vez. Tenía que coger el coche y volver allí. Pero tenía que tener cuidado al coger el coche. La gente no podía ver un coche sin nadie dentro.

Ella cogió el coche y condujo por las calles de Madrid. Era muy de noche así que no había muchos coches. Intentaba conducir por zonas donde no había mucha gente.

Llegó donde sus amigos estaban haciendo la barbacoa. Sus amigos estaban, pero también había mucha gente. **Decenas** de personas. **¿Qué estaba pasando?**

Anexo del capítulo 2

Resumen

Laura paseó por la Plaza de España. Después, decidió ir a su oficina. Su jefe trabajaba y hablaba con los directivos. Antonio era un directivo. Mentía sobre un proyecto. Un proyecto con mucho dinero. Laura dejó el proyecto en el despacho de su jefe. Volvió a su casa y vio a su marido Andrés llorando, muy preocupado. Decidió finalmente volver a la barbacoa para no ser invisible más.

Vocabulario

- **los puestos**= stands
- **comprar**= buy
- **vender**= sell
- **de todo tipo**= of all kinds
- **tocarla**= touch (her)
- **tenía que tener cuidado**= (she) had to be careful
- **ropa**= clothes
- **robar**= steal
- **preocupados**= worried
- **tuvo una idea**= had an idea
- **la oficina**= office
- **recordó**= remembered
- **tenía que trabajar**= had to work
- **las cámaras**= cameras
- **grabaron**= recorded
- **el/la oficinista**= office worker, clerk
- **el piso**= floor
- **el directivo**= executive, manager

- **los empleados**= employees, workers
- **los beneficios**= benefits
- **ampliar el negocio**= expand the business
- **la empresa**= company
- **desde hace 5 años**= for 5 years
- **nunca ha pedido**= (she) had never requested
- **me da pena**= it saddens me
- **el edificio**= building
- **reconoce**= recognise
- **antes de tiempo**= prematurely
- **espiar**= spy
- **poco negocio**= lack of activity or business
- **viable**= viable
- **no deberíamos**= we shouldn't
- **encontró**= found
- **miente**= (he) lies
- **saldrá perdiendo**= will lose out
- **perderé mi trabajo**= I'll lose my job
- **se volvían invisibles**= they became invisible
- **esperó a que se fueran**= waited until they were gone
- **cogió un autobús**= took a bus
- **no hizo ruido**= (she) didn't make noise
- **ya no eran tan felices como antes**= they weren't as happy as before
- **lloraba**= cried
- **la quería mucho**= (he) loved her very much
- **sufriendo**= suffering
- **quería arreglar su relación**= (she) wanted to fix the relationship
- **dejar de ser invisible**= be no longer invisible
- **decenas**= dozens
- **¿Qué estaba pasando?**= What was happening?

Preguntas de elección múltiple

Seleccione una única respuesta por cada pregunta

6. Laura paseaba por:
    a. La Plaza de España
    b. Las afueras de Madrid
    c. Una tienda de Madrid
    d. Fuera de Madrid
7. Laura decidió primero ir a:
    a. Su casa
    b. La oficina
    c. Las afueras
    d. Fuera de Madrid
8. Antonio, un directivo de la empresa:
    a. Quería irse de la empresa
    b. Quería echar Laura
    c. Mentía sobre un proyecto
    d. Ninguna de las anteriores
9. Laura dejó en el despacho de su jefe:
    a. Dinero
    b. Una carta
    c. El proyecto
    d. No dejó nada
10. Laura quería dejar de ser invisible:
    a. Tocando de nuevo el objeto
    b. Rompiendo el objeto
    c. Llevando el objeto fuera de allí
    d. No quería dejar de ser invisible

6. a
7. b
8. c
9. c
10. d

Capítulo 3 – El objeto

Laura volvió al pequeño parque donde hacía horas hicieron la barbacoa. Allí había mucha gente. Había más gente **de la que ella esperaba**. ¿Qué estaban haciendo allí? ¿Por qué había tanta gente?

Elvira y Nacho estaban entre toda la **multitud**, pero hablaban solo **el uno con el otro.** Estaban en la mesa sentados. Aún había comida sin cocinar en la mesa y las bebidas que Elvira había sacado.

Todas las personas que estaban allí buscaban a Laura. Eran amigos de Laura, familiares, policías y gente de Madrid que habían ido a ayudar.

–Elvira, no sé dónde puede estar –dijo Nacho.
–No te preocupes –respondió ella–, seguro que aparece **en cualquier momento**. Pero es muy raro todo.
–Sí, Nacho, es muy raro. Fue a llamar por el móvil y de repente, desapareció.
–Es muy raro, sí.

Laura escuchaba la conversación de cerca. Quería ir a tocar el objeto otra vez. Quería dejar de ser invisible. Seguro que cuando tocara el objeto, volvería a ser visible.

–Oye, Elvira –siguió hablando Nacho con ella.
–Dime.
–¿Te acuerdas del objeto ese que encontramos?
–Sí, me acuerdo. Sólo era un trasto.
–¿Y si es algo más que eso?

226

Laura no quería que sus amigos supiesen nada. Era una historia **de locos**. Quería **volver a la normalidad**. Quería volver a arreglar las cosas con su marido Andrés. Quería volver al trabajo **para ver qué había pasado** con el proyecto.

—Tenemos que ir a ver el objeto. Laura desapareció justo ahí –dijo finalmente Elvira.
—Vamos a ver.

Laura **corrió** donde estaba el objeto, **antes de que** Elvira y Nacho llegaran. Entró en el pequeño **bosque** donde estaban los árboles y buscó. ¡No lo encontraba!

«¿Dónde está? ¿Dónde está? **Tiene que estar** por aquí».

Laura seguía invisible. Nacho y Elvira no podían verla, pero **se estaban acercando**. Oía sus **pasos**.

«Tengo que encontrarlo. Tiene que estar por aquí».

Nacho y Elvira seguían hablando entre ellos. Pasaron al lado de Laura.

—Tiene que estar por aquí, Elvira. Me acuerdo.
—Mira entre esos **arbustos**.
—Voy.

Y sí, Nacho encontró el objeto en esos **arbustos**. No tenía luz, pero Laura pudo verlo. Era el objeto que había tocado. Tenía que **encontrar la forma** de volver a tocar el objeto. Necesitaba volver a ser visible, pero no quería contar nada de lo que había pasado.

—¿Qué es? —le preguntó Elvira.

—No lo sé. Es **redondo** y metálico pero **no sé para qué sirve**.

—¿**Tiene que ver** con la desaparición de Laura?

—No sé cómo. Dudo que tenga algo que ver.

—**Vuelve a dejarlo donde estaba**.

Laura se tranquilizó. El objeto volvía a estar entre los arbustos. Ahora, Nacho y Elvira tenían que irse. Quería tocar el objeto. ¿Sería esa la solución? No lo sabía, pero quería **probar**.

Nacho y Elvira se fueron y comenzaron a buscar a Laura entre los árboles. La gente de alrededor también empezaron a buscar a Laura en los árboles, en las **calles** de al lado, en los **barrios** que había al lado.

Naturalmente, nadie la encontró, porque Laura estaba **escondida** en los árboles. Cuando toda la gente se marchó de los árboles, ella se acercó a los **arbustos**. Cogió el objeto con su mano y lo tocó.

Una luz empezó a **encenderse** en el extraño objeto. Laura sintió un gran **cosquilleo** por su cuerpo. El objeto estaba encendido de nuevo. Lo cogió y lo guardó en su chaqueta.

Salió del bosque. ¿**Había funcionado**?

—¡Laura! —dijeron todos.

—¡Laura! ¡Estás aquí! ¿Dónde has estado? —dijeron Nacho y Elvira.

—He estado... he estado...

Laura no sabía **si contar la verdad**. Antes no quería contar la verdad, pero ahora estaba dudando. Tenía el objeto. Ahora tenía **pruebas**.

—Tengo que contar algo importante e increíble **a la vez**.

—¡Laura! —llamó una **voz** desde la gente.

Al principio, Laura no pudo ver quién era, pero luego lo vio: era Andrés.

Andrés se acercó a Laura y **la abrazó** con fuerza. **La besó en los labios** y le dijo:

—¿Dónde has estado? Hemos estado muy preocupados!

—He estado en... En... Yo...

Otra voz la llamó desde la **muchedumbre**.

—Señorita Fernández. ¡Ha aparecido usted por fin!

Esa voz era la de su jefe. ¡Su jefe estaba aquí también! ¡Se preocupaba por ella! Se acordó del proyecto que dejó en su despacho.

Ya estaban todos reunidos y Laura comenzó a hablar.

—Habéis estado todos muy preocupados por mí, pero tengo una historia increíble que contar. **Esperad un momento**.

Laura se quitó la chaqueta y la tiró al suelo.

Andrés, su marido, le preguntó:

–¿Qué haces, cariño?

–**Voy a mostraros una cosa**.

De la chaqueta sacó un pequeño objeto.

–¡Es el objeto extraño! –dijeron Nacho y Elvira a la vez.

–Sí, este objeto extraño es **la razón por la que** he desaparecido.

Nadie entendía nada.

Laura estuvo a punto de contar su increíble historia, pero se dio cuenta de que la luz del objeto estaba apagada. Lo tocó con sus manos y la gente seguía viéndola. **Ya no funcionaba**.

–Me he dado cuenta de muchas cosas cuando he desaparecido.

Miró a su jefe, a Andrés y a sus amigos.

–Pero la historia de mi desaparición es una historia para otro día. **Quiero irme a casa**.

Andrés la abrazó de nuevo y volvieron a su casa. Laura **se quedó dormida** cuando llegaron.

Al despertarse al día siguiente, sonrió a su marido y él le sonrío a ella.

–**Todo va a ir bien** –le dijo ella.

Anexo del capítulo 3

Resumen

Laura ve a toda la gente que hay en la barbacoa. Hay mucha gente conocida. Escucha a Nacho y Elvira hablar preocupados. Ellos buscan el objeto extraño. Piensan que el objeto extraño tiene relación con su desaparición. Laura encuentra el objeto cuando ellos se van. Lo toca y vuelve a ser visible. Andrés y su jefe también están cuando vuelve a la barbacoa, pero el objeto ya no funciona. No les cuenta nada de lo que ha pasado y vuelve a su casa.

Vocabulario

- **de la que ella esperaba**= than she first thought
- **la multitud/la muchedumbre**= crowd
- **el uno con el otro**= to each other
- **no te preocupes**= don't worry
- **en cualquier momento**= anytime
- **¿Y si es algo más que eso?**= and if it's something more than that?
- **de locos**= mad, crazy
- **volver a la normalidad**= back to normal
- **para ver qué había pasado**= to see what had happened
- **corrió**= ran
- **antes de que**= before...
- **el bosque**= forest
- **tiene que estar**= has to be
- **se estaban acercando**= (they) were approaching
- **los pasos**= steps

- **los arbustos**= bushes
- **encontrar la forma**= find a way
- **redondo**= round
- **no sé para qué sirve**= I don't know what this is for
- **tiene que ver (con)**= has to do with
- **vuelve a dejarlo donde estaba**= leave it again where it was
- **probar**= to try
- **las calles**= streets
- **los barrios**= neighbourhoods
- **escondida**= hidden
- **encenderse**= hide
- **el cosquilleo**= tickle
- **¿Había funcionado?**= Did it work?
- **si contar la verdad**= if tell the truth
- **las pruebas**= proof
- **a la vez**= at the same time
- **la voz**= voice
- **la besó (en los labios)**= he kissed her (lips)
- **esperad un momento**= wait a moment
- **voy a mostraros una cosa**= I'm going to show you something
- **la razón por la que**= the reason...
- **ya no funcionaba**= It no longer worked
- **quiero irme a casa**= I want to go home
- **se quedó dormida**= fell asleep
- **todo va a ir bien**= everything is going to be fine

Preguntas de elección múltiple
Seleccione una única respuesta por cada pregunta

11. En la barbacoa escucha hablar a:
    a. Su jefe y su marido
    b. Su jefe y Nacho
    c. Su marido y Elvira
    d. Nacho y Elvira
12. Sus amigos quieren:
    a. Volver a casa
    b. Encontrar el objeto extraño
    c. Llamar a la policía
    d. Llamar a Andrés
13. Laura, al principio, quiere:
    a. No contar su historia
    b. Contar su historia
    c. Quedarse invisible
    d. Ninguna de las anteriores
14. Laura toca el objeto de nuevo e inmediatamente:
    a. Vuelve a ser visible
    b. Sigue invisible
    c. No lo sabe hasta que la llaman al salir de los árboles
    d. No ocurre nada
15. Al final:
    a. El objeto no funciona y Laura cuenta su historia
    b. El objeto funciona y Laura cuenta su historia
    c. El objeto no funciona y Laura no cuenta su historia

11. d
12. b
13. a
14. c
15. c

FIN

This title is also available as an audiobook.

For more information, please visit the Amazon store.

Thank You For Reading!

I hope you have enjoyed these stories and that your Spanish has improved as a result! A lot of hard work went into creating this book, and if you would like to support me, the best way to do so would be with an honest review on the Amazon store. This helps other people find the book and lets them know what to expect.

To do this:

1. Visit http://www.amazon.com
2. Click "Your Account" in the menu bar
3. Click "Your Orders" from the drop-down menu
4. Select this book from the list and leave an honest review!

Thank you for your support,

- Olly Richards

More from Olly

If you have enjoyed this book, you will love all the other free language learning content that I publish each week on my blog and podcast: *I Will Teach You A Language.*

The *I Will Teach You A Language* blog

Study hacks and mind tools for independent language learners.

http://iwillteachyoualanguage.com

The *I Will Teach You A Language* podcast

I answer your language learning questions twice a week on the podcast.

http://iwillteachyoualanguage.com/itunes

Here is where I hang out on social media. Why not come and say hi?

Facebook:
http://facebook.com/iwillteachyoualanguage

Twitter:
http://twitter.com/olly_iwtyal